スープ教本

坂田阿希子

東京書籍

contents

1 おいしさの基本
　　この本で使うスープストック　4
2 おいしさの基本　スープストック①
　　チキンスープストック　5
3 おいしさの基本　スープストック②
　　ひき肉スープストック　6
4 おいしさの基本　スープストック③
　　ビーフスープストック　7
5 おいしさの基本　スープストック④
　　野菜スープストック　8
6 おいしさの基本　スープストック⑤　だし汁　9
7 おいしさの基本　蒸し煮して、
　　素材のおいしさを引き出す　10
8 おいしさの基本　油や香味野菜で
　　バリエーションが広がる　11
9 おいしさの基本　トッピングのいろいろ　12
10 おいしさの基本　スープ with パン　13

11 ミネストローネ　14
12 ピストゥスープ　16
13 キャベツとベーコンのスープ　18
14 きゅうりとソーセージのスープ　19
15 いんげん豆とじゃが芋のスープ　20
16 金時豆とかぼちゃのスープ　21
17 ポーチドエッグとレタスのスープ　22
18 揚げ卵のカレー風味スープ　23
19 白い野菜のスープ　24
20 里芋の豆乳スープ　25
21 せん切り大根の塩スープ　26
22 干し白菜のスープ　27
23 丸ごとトマトのスープ　28
24 丸ごと玉ねぎのスープ　29
25 丸ごとじゃが芋のスープ　30
26 丸ごとかぶのスープ　31
27 オニオングラタンスープ　32
28 ソーセージときのこのポットパイ　34
29 クラムチャウダー・ニューイングランド風　36
30 クラムチャウダー・マンハッタン風　38
31 かきのチャウダー　39
32 コーンポタージュ　40
33 にんじんのポタージュ　42
34 グリンピースのポタージュ　43
35 カリフラワーのポタージュ　44
36 ごぼうのポタージュ　45
37 きのこのポタージュ　45
38 かぼちゃのポタージュ・ココナッツ風味　46
39 豆のポタージュ・クミン風味　47
40 焼きトマトとビーツのポタージュ　48
41 さつま芋とりんごのポタージュ　50
42 栗のポタージュ　51
43 ヴィシソワーズ　52
44 冷製アボカドのポタージュ　53

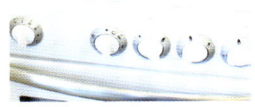

45	えびのビスク 54		81		豚汁 96
46	スープ・ド・ポワソン（南仏風魚のスープ） 56		82		いわしのつみれ汁 97
47	たらとじゃが芋のブイヤベース風 58		83		焼きなすのみそ汁 98
48	アクア・コッタ（イタリア風パンと卵のスープ） 60		84		豆腐となめこの赤だし 98
49	ソパ・デ・アホ（スペイン風にんにくスープ） 61		85		鮭の粕汁 99
50	ガスパチョ 62		86		けんちん汁 100
51	ハリーラ（モロッコ風豆のスープ） 64		87		かき玉汁 101
52	モロヘイヤのスープ 65		88		枝豆のすり流し汁 101
53	チリコンカンスープ 66		89		冷や汁 102
54	ライムスープ 67		90		うずみ豆腐 103
55	シーフードガンボスープ 68				
56	モンゴル風ラムと長ねぎのスープ 69		91	煮込み	鶏肉のポトフー 104
57	レンズ豆のスープ 70		92	煮込み	塩漬け豚とキャベツの煮込み 106
58	きゅうりとミントのライタ風スープ 71		93	煮込み	ミートボールのトマト煮込み 108
59	トムヤムクン 72		94	煮込み	鶏肉ときのこの 　　　　クリーム煮込み 110
60	タイ風春雨のスープ 73				
61	鶏とクレソンのスープ 74		95	煮込み	牛肉の赤ワイン煮込み 112
62	ベトナム風あさりのスープ 75		96	煮込み	豚肉とあさりの煮込み 114
			97	煮込み	アイリッシュシチュー 116
63	酸辣湯（サンラータン） 76		98	煮込み	ビーフストロガノフ 118
64	肉団子と白菜のスープ 78		99	煮込み	ボルシチ 120
65	スペアリブと冬瓜（とうがん）のスープ 80		100	煮込み	ロールキャベツ 122
66	鶏肉としいたけの蒸しスープ 81				
67	えびワンタンスープ 82				食べたい素材で探す index 124
68	トマトと卵のスープ 83				
69	中華風コーンスープ 84				
70	かにと卵白のスープ 85				
71	大根と貝柱のミルクスープ 86				
72	青梗菜（チンゲンサイ）とザーサイのスープ 87				
73	豆腐と岩のりのスープ 87				
74	参鶏湯（サムゲタン） 88				
75	ユッケジャン 90				
76	スンドゥブチゲ 92				
77	韓国風豆乳スープ 94				
78	豆もやしのスープ 94				
79	わかめスープ 95				
80	冷製わかめときゅうりのスープ 95				

※計量単位は、1カップ＝200ml、大さじ1＝15ml、小さじ1＝5mlです。
※ガスコンロの火加減は、特にことわりのない場合、中火です。
※オーブンの温度、焼き時間は目安です。機種によって違いがあるので加減してください。

この本で使うスープストック

1 おいしさの基本

スープのベースになるのは、スープストック。
だしをとるのに難しいテクニックはいらないので、
時間のあるときに、大きめの鍋でまとめて作っておきます。
ここでは、この本で使うスープストック5種類を紹介します。

①  **チキンスープストック**

オールマイティーに使用できますが、ここで使った香味野菜は玉ねぎ、にんじん、セロリなので、洋風スープに適しています。野菜が主役のスープに使えばコクがプラスされ、ポタージュに使えばさらにうまみが加わります。香味野菜を長ねぎ、しょうが、セロリに替えると、中華スープに適した味になります。塩としょうゆを加えればラーメンスープにもなります。

② 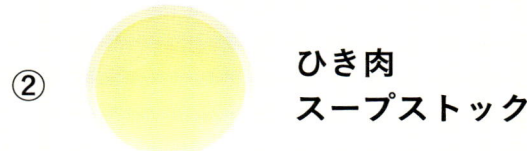 **ひき肉スープストック**

ひき肉を使ったすっきりとした味のスープストックです。鶏ひき肉だけではあっさりしすぎるので、豚ひき肉を2～3割加えてうまみをプラスします。しょうがが効いているので、中華スープや、野菜をあっさりと味わいたいときに最適です。チキンスープストックを作る時間がないとき、少人数分のスープストックをパパッと作りたいときにもおすすめです。

③  **ビーフスープストック**

深みのあるだしが出る牛すね肉を使ったスープストックです。韓国風スープの基本になるほか、うまみが強いので、野菜の洋風スープに使うと力強い味わいに仕上がります。塩と粗びき黒こしょう、長ねぎの小口切りを入れただけでおいしいビーフスープになります。また、汁かけご飯、冷麺スープなどにも使えます。

④  **野菜スープストック**

野菜の香りと甘みを感じるスープストック。オールマイティに使用できますが、特に、野菜の味やうまみを生かしてあっさりと仕上げたいときにおすすめです。また、肉のスープストックを使いたくないとき、ベジタリアンメニューのときに使います。炊き込みご飯やリゾットを作るとき、かたまり肉を煮るとき、カレーを煮るときのスープにも使えます。

⑤  **だし汁**

昆布と削り節を使った、一般に「一番だし」と呼ばれる基本の和風スープストック。みそ汁、吸いもの、和風スープに使います。オリーブオイルとも相性がよいので、オリーブオイルで炒めてから煮るスープにも向いています。また、煮もの、炒め煮、あえもの、めんのつゆ、茶碗蒸しなど和風料理全般に使えます。

◎スープストックを使わず、水だけで仕上げることも

どのスープもスープストックが必要なわけではありません。骨つき肉をじっくり煮込んで仕上げるものは、スープストックより水で煮たほうが素直にうまみが出ます。一尾魚を使用したスープも同様です。また、あとからソースを加えたりスパイスを利かせたいスープは、水だけで仕上げたほうが香りが立ちます。

◎市販のスープの素を使う場合

この本では手作りのスープストックを使うことを基本としていますが、もし市販のスープの素を使う場合は、できれば添加物の少ない、自然な味わいのものを選びます。また、塩味のついているものが多いので、味見をしながら量を調整します。

2 おいしさの基本

スープストック① # チキンスープストック

鶏ガラと香味野菜を使った、コクのある鶏ガラスープ。
この本ではチキンスープストックと表記しています。
保存容器に入れて冷蔵庫で3～4日保存可。
すぐに使わない分は、フリーザーバッグなどに入れて冷凍保存。

材料／でき上がり約2ℓ分
鶏ガラ　1羽分
セロリ（葉つき）　1本
玉ねぎ　1個
にんじん　1本

4 表面が軽く揺れるくらいの火加減で、1時間半ほど煮る。

1 鶏ガラは洗ってきれいにし、水けを拭き、骨ごと切れるところはぶつ切りにし、首の部分は3～4等分のぶつ切りにする。

5 ペーパータオルを敷いたザルをボウルにのせ、**4**を静かに漉す。

2 セロリは2～3cm幅の斜め切りにし、葉はざく切りにする。にんじんも斜め切りにする。玉ねぎはざく切りにする。鶏ガラとともに鍋に入れ、水3.5ℓを注ぐ。

6 でき上がり。だしをとったあとの鶏ガラは捨てる。

3 **2**を強火にかけ、ときどき軽く混ぜながら煮立てる。煮立ったら火を少し弱め、浮いてきたアクをとり除く。

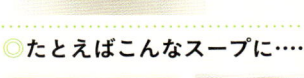

◎たとえばこんなスープに……

p.24
白い野菜のスープ

p.42
にんじんのポタージュ

スープストック②　## ひき肉スープストック

鶏ひき肉と豚ひき肉を使った、比較的あっさりとしたスープストック。
簡単に作れるので、チキンスープストックの代用にもおすすめ。
保存容器に入れて冷蔵庫で3～4日保存可。
すぐに使わない分は、フリーザーバッグなどに入れて冷凍保存。

材料／でき上がり約800mℓ分
鶏ひき肉　200g
豚ひき肉　50g
長ねぎ（青い部分を含む）　1/4～1/3本
しょうがの薄切り（皮つき）　3枚

1

鶏ひき肉と豚ひき肉を合わせて鍋に入れ、水1ℓを注ぎ入れ、泡立て器でざっと混ぜる。

2

長ねぎを2等分に切り、しょうがとともに鍋に加えて強火にかける。

3

煮立ったら火を少し弱め、浮いてきたアクをとり除き、表面が揺れるくらいの火加減で15分ほど煮る。

4

ペーパータオルを敷いたザルをボウルにのせ、3を静かに漉す。

5

でき上がり。だしをとったあとのひき肉は、スープやチャーハンの具、サラダなどに使っても。

○たとえばこんなスープに……

p.84
中華風コーンスープ

p.87
青梗菜とザーサイのスープ

スープストック③ # ビーフスープストック

牛すね肉を使った、韓国風スープの基本となるスープストック。
牛肉のうまみが強く出ていて、パンチがあるのが特徴です。
保存容器に入れて冷蔵庫で3〜4日保存可。
すぐに使わない分は、フリーザーバッグなどに入れて冷凍保存。

材料／でき上がり約2ℓ分
牛すね肉（かたまり）　700g
にんにく　2かけ
長ねぎの青い部分　1本分
パセリ　1本

1

にんにくはつぶし、長ねぎは半分に切る。牛すね肉とともに鍋に入れ、水3.5ℓを注いで強火にかける。

2

煮立ったら少し火を弱め、浮いてきたアクをとり除き、パセリを加え、表面が揺れるくらいの火加減で2時間ほど煮る。

3

ペーパータオルを敷いたザルをボウルにのせ、**2**を静かに漉す。

4

でき上がり。だしをとったあとの牛肉は、薄切りにしてスープの具、サラダ、あえものなどに使っても。

◎たとえばこんなスープに……

p.94　　　　　　p.95
韓国風豆乳スープ　わかめスープ

5 おいしさの基本

スープストック④ # 野菜スープストック

香味野菜を水で煮た、すっきりとした味のヘルシースープストック。
野菜の自然の甘さと香りがギュッと凝縮されたおいしさです。
保存容器に入れて冷蔵庫で3〜4日保存可。
すぐに使わない分は、フリーザーバッグなどに入れて冷凍保存。

材料／でき上がり約1.5ℓ分
玉ねぎ　1個
キャベツ　小1/4〜1/6個
セロリ（葉つき）　1本
にんじん　1本
にんにく　2かけ
パセリ　1〜2本

1

玉ねぎとキャベツは小さめのざく切りにし、にんじんとセロリは1cm幅の斜め切りにする。セロリの葉はざく切りにする。にんにくはつぶす。パセリは半分に切る。

2

鍋に**1**を入れ、水3ℓを注いで強火にかけ、煮立ったら火を少し弱め、浮いてきたアクをとり除く。表面が揺れるくらいの火加減で40分ほど煮る。

3

ペーパータオルを敷いたザルをボウルにのせ、**2**を静かに漉す。

4

でき上がり。だしをとったあとの野菜は捨てる。

◎たとえばこんなスープに……

p.40
コーンポタージュ

p.61
ソパ・デ・アホ
（スペイン風にんにくスープ）

スープストック⑤ だし汁

6 おいしさの基本

昆布と削り節を使った、和風スープストック＝だし汁。
昆布のうまみと削り節の香りが鼻をくすぐります。
保存容器に入れて冷蔵庫で2～3日保存可。
すぐに使わない分は、フリーザーバッグなどに入れて冷凍保存。

材料／でき上がり800ml分
昆布　　10cm
削り節　20g

1 昆布は表面を軽く拭いて鍋に入れ、水1ℓを注ぎ、そのまま1時間以上おく。

2 1を強火にかけ、昆布から泡が立ち、煮立つ直前になったら引き上げる。

3 煮立ったら削り節を入れ、すぐに火を弱め、表面に静かに泡がのぼるくらいの火加減で3～4分煮る。

4 火を止め、削り節が沈むまでそのままにしておく。

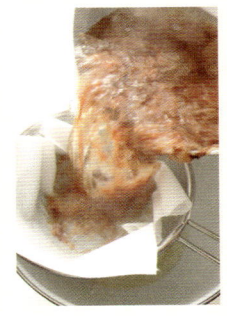

5 ペーパータオルを敷いたザルをボウルにのせ、4を静かに漉す。

6 でき上がり。だしをとったあとの昆布と削り節は、つくだ煮や梅肉あえなどにしても。

◎たとえばこんなスープに……

p.101
かき玉汁

p.101
枝豆のすり流し汁

9

7 おいしさの基本
蒸し煮して、素材のおいしさを引き出す

素材をスープストックで煮れば、それだけでスープは作れます。
でも、スープのおいしさは、ただ煮ただけで生まれるものではありません。
素材のおいしさを十分に引き出し、そのうまみをスープストックに
溶け込ませることが大切。そのためのテクニックが「蒸し煮」です。

◎たとえば……
ミネストローネ (p.14)

point!

野菜をオリーブオイルでしっとりとするまで炒め、火の通りの早いプチトマトを加えます。炒めながら野菜の甘みやうまみを出します。

スープストックを1/2カップほど加え、ふたをして弱火で10分ほど蒸し煮。加熱しても焦げない程度の最低限の水分で蒸し煮することにより、さらに野菜のうまみや甘みが出てきます。蒸気の熱を回して加熱する感じ。

汁としてのスープストック3 1/2カップを加え、煮くずれさせたくないキドニービーンズを加え、煮ます。最後に塩で味をまとめます。

素材のうまみたっぷりのスープが、完成。

◎鍋は、厚手でふたの重たいタイプを

厚手の鍋は火のあたりが均一なので、焦げつきにくいという長所があります。薄手の鍋だと火の当たるところだけ焦げてしまうことも。また、ふたが重たい（厚い）と落としぶたをしなくてもじっくりと煮込むことができます。保温力もあります。

◎火加減は弱火で

蒸し煮するときはふたをして弱火。汁としてのスープストックを加えたら一度煮立ててアクをとり、そのあと弱火にして、中の具が躍らないようにコトコトと煮ます。これが基本。

◎ポタージュ作りにはミキサーを

ポタージュの基本プロセスは、素材をスープストックで煮、煮汁ごとミキサーにかけてなめらかにし、鍋に戻して温める、というもの。ミキサーがあれば、フードプロセッサーや漉し器を使うよりスピーディーできれいな仕上がりに。

8 油や香味野菜で
おいしさの基本
バリエーションを広げる

同じ素材でスープを作っても、仕上げに加える油や
トッピングの香味野菜を替えるだけで、
味わいや印象の違うスープになります。その日の気分や献立、
シチュエーションに合わせてスープが作れます。

◎たとえば……
　**ベトナム風
　あさりのスープ** (p.75)

◎**ベトナム風**

あさりを水から煮た、うまみたっぷりのシンプルスープ。仕上げにナンプラーを加え、サニーレタス、香菜、白炒りごまを入れます。

◎**イタリア風**　　　　◎**中華風**　　　　◎**和風**

仕上げにオリーブオイルをふり、イタリアンパセリを散らします。粗びき黒こしょうをふっても。

仕上げに長ねぎの斜め薄切りをのせ、ラー油をふります。ごま油をふっても。

仕上げにしょうゆをたらし、木の芽をのせます。みそを溶けば、みそ汁になります。

9 おいしさの基本

トッピングのいろいろ

トッピングは、スープの彩りや香り、味や食感のアクセントの役割を果たします。また、盛りつけが引き立って食欲もそそられます。ここでは、この本で登場する、応用範囲の広いトッピングを紹介。時間のあるときに作ってストックしておいてもよいでしょう。

ローストアーモンド、ローストココナッツ

アーモンドスライス、ココナッツロングをオーブントースターのトレーに広げ、ときどき混ぜながら表面がうっすらときつね色になるまで3〜5分焼きます。

青み

洋風スープならディルなどのハーブやパセリのみじん切り、アジアンテイストなら香菜、和風なら万能ねぎの小口切りなど。

クルトン

食パン（8枚切り）1枚は耳を落として1cm角に切り、サラダ油またはオリーブオイル大さじ4を熱したフライパンに入れ、全体がきつね色になるまで揚げ焼きします。ペーパータオルの上に広げて油をきります。

カリカリベーコン

ベーコンの薄切りを5mm角に切り、油をひかないフライパンで炒め、脂が出てきてカリッとしたら、ペーパータオルの上に広げて油をきります。

揚げエシャロット

エシャロットは皮をむいて薄い輪切りにし、160℃くらいに熱した揚げ油に入れ、箸でほぐしながら揚げムラのないようにゆっくりと揚げていきます。きつね色になってきたらペーパータオルの上に広げて油をきります。

にんにくオイル

にんにくのみじん切り2かけ分、サラダ油½カップをフライパンに入れ、ときどきフライパンを揺すりながら弱火で加熱します。全体に色づいてきたら火から下ろし、フライパンを揺すりながら余熱でさらに濃いめのきつね色にし、耐熱容器に移します。

おいしさの基本 10

スープ with パン

素材のうまみと栄養を余すところなくいただけるのがスープの魅力。
アジアのスープや和のスープにはご飯やおむすびを、
洋風スープにはパンを添えれば、立派な献立になります。
朝食やランチ、軽くすませたい夕食にも。

ガーリックトースト

バゲット15cmは縦半分に切り、バター30gとにんにくのみじん切り½かけ分を混ぜたガーリックバターを切り口にぬります。オーブントースターで軽く焼き色がつくまで焼き、パセリ少々をふります。

クミントースト

食パン（8枚切り）2枚は耳を落として半分に切り、バター50gにクミンパウダー小さじ1を混ぜたクミンバターをぬります。クミンシード適量をふり、オーブントースターで軽く焼き色がつくまで焼きます。

トマトトースト

パン・ド・カンパーニュ（1cm厚さ）2枚にオリーブオイル適量をぬり、プチトマト8～10個を横半分に切ってのせます。パルメザンチーズのすりおろし適量をふり、オーブントースターで、チーズが溶けて軽く焼き色がつくまで焼きます。

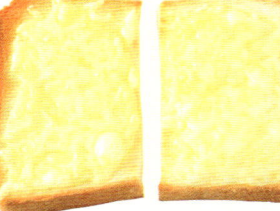

アンチョビートースト

アンチョビー10gを細かく刻み、バター50gと混ぜます。バゲット（2cm厚さ）5～6枚にぬり、オーブントースターで軽く焼き色がつくまで焼きます。

チーズトースト

食パン（8枚切り）2枚は半分に切り、グリュイエールチーズのすりおろしを大さじ2ずつのせます。オーブントースターでチーズが溶けて軽く焼き色がつくまで焼きます。好みで粗びき黒こしょうをふっても。

ミネストローネ

ミネストローネはイタリア語で具だくさんという意味。
いろいろな野菜や豆を入れるのが特徴で、トマトは必須。
ここではプチトマトを使って仕上げます。

材料／3〜4人分
玉ねぎ　½個
セロリ　1本
にんじん　1本
じゃが芋（メークイン）　2個
にんにく　1かけ
プチトマト　10個
ベーコン（ブロック）　80g
キドニービーンズ（ゆでたものまたは水煮缶）　1カップ
パルメザンチーズ　適量
チキンスープストック（p.5参照）　4カップ
◎オリーブオイル　塩　こしょう

1　玉ねぎ、セロリ、にんじん、じゃが芋は1cm角に切り、ベーコンも1cm角に切る。にんにくはつぶす。プチトマトはヘタをとって4つ割りにし、さらに半分の大きさに切る。

2　鍋にオリーブオイル大さじ3とにんにくを入れて炒め、香りが出たら玉ねぎ、セロリ、にんじん、じゃが芋、ベーコンを加えてしっとりとするまで炒め、プチトマトを加えて炒め合わせる。

3　チキンスープストック½カップを加え、ふたをして弱火で10分ほど蒸し煮する。

4　残りのチキンスープストック、キドニービーンズを加え、アクをとりながら20分ほど煮る。塩小さじ⅔〜1、こしょう少々で味を調える。

5　器に盛り、パルメザンチーズをすりおろしてふる。好みでパセリのみじん切り（分量外）をふる。

にんじん、じゃが芋、玉ねぎ、セロリがしっとりとしたら、プチトマトを加える。トマトを使う場合もプチトマトと同じくらいの大きさに切る。

ふたをして蒸し煮し、野菜に火を通す。蒸し煮することで野菜のうまみが出ておいしくなる。

ふたをとり、残りのチキンスープストックとキドニービーンズを加える。キドニービーンズは汁けをきっておく。

スープが残ったら……
マカロニなどのショートパスタを乾燥のまま加え、パスタがやわらかくなるまで煮る。ボリューム満点のスープパスタになる。

ピストゥスープ

バジルとにんにく、卵黄などで作ったペースト"ピストゥ"を野菜たっぷりのスープと合わせていただく、南仏の定番スープ。これだけで栄養もボリュームも満点です。

材料／3〜4人分
- 玉ねぎ　½個
- ズッキーニ　1本
- じゃが芋（メークイン）　2個
- さやいんげん　50g
- 長ねぎ　⅓本
- にんにく　1かけ
- トマト　2個
- グリンピース（さやから出したもの）　70g
- スパゲッティ（1.6mm）　60g
- **ピストゥ**
    - バジル　20g
    - にんにく　1かけ
    - 卵黄　1個分
    - レモンの絞り汁　小さじ½
    - カイエンペッパー　少々
    - 松の実　大さじ2
- グリュイエールチーズ　適量
- ○オリーブオイル　塩　こしょう

1 玉ねぎ、ズッキーニ、じゃが芋は1cm角に切り、さやいんげんは5mm長さに切り、長ねぎは小口切りにする。にんにくはつぶす。トマトは皮を湯むきしてざく切りにする。

2 鍋にオリーブオイル大さじ4を熱してにんにく、玉ねぎ、長ねぎを炒め、しんなりしたらズッキーニ、じゃが芋、さやいんげん、グリンピースを加えてさらに炒め、トマトを加えて炒め合わせる。水½カップを加え、ふたをして弱火で10分ほど蒸し煮する。

3 水3½カップを足し、煮立ったら弱火にして野菜がやわらかくなるまで煮、スパゲッティを手で短く折って加え、さらに10分ほど煮る。塩小さじ⅔〜1、こしょう少々で味を調える。

4 ピストゥを作る。ピストゥの材料、オリーブオイル大さじ3、**3**のスープ大さじ2をフードプロセッサーにかけて撹拌し、ペースト状にする。

5 器にピストゥ適量を入れ、**3**のスープを注ぎ、グリュイエールチーズをすりおろして添える。

スパゲッティを短く折って加え、火を通す。スパゲッティは細めのものが合う。

ピストゥの材料とオリーブオイル、野菜スープをフードプロセッサーに入れる。

撹拌するときれいな若草色のペーストになる。これがピストゥ。

器にピストゥを入れ、その上から野菜スープを注ぎ入れる。

13 キャベツとベーコンのスープ

甘いキャベツのおいしさをベーコンとともに味わうシンプルレシピ。
ベーコンはかたまりのものを少し厚めに切って使います。
キャベツの代わりに白菜を使っても。

材料／2～3人分
キャベツ　1/4個
ベーコン（ブロック）　80g
野菜スープストック（p.8参照）
　3カップ
◎オリーブオイル　塩
　粗びき黒こしょう

1　キャベツは芯をつけたままくし形に切る。ベーコンは厚めの薄切りにする。
2　鍋にオリーブオイル小さじ2を熱し、ベーコンを入れて両面しっかりと焼き、キャベツ、野菜スープストック1/2カップを加え、ふたをして弱火で10分ほど蒸し煮する。
3　残りの野菜スープストックを加えてキャベツがやわらかくなるまでさらに煮、塩小さじ2/3で味を調える。
4　器に盛り、粗びき黒こしょう少々をふる。

きゅうりとソーセージのスープ

淡泊な味のきゅうりとうまみの出るソーセージを組み合わせた簡単レシピ。きゅうりの代わりにズッキーニ、ソーセージの代わりにチョリソでも。

材料／2〜3人分
きゅうり　2本
ウインナーソーセージ　2本
長ねぎ　1/3本
野菜スープストック（p.8参照）
　3カップ
◎オリーブオイル　塩
　粗びき黒こしょう

1　きゅうりとソーセージは1cm厚さの輪切りにする。長ねぎは小口切りにする。
2　鍋にオリーブオイル小さじ2を熱して長ねぎを炒め、しんなりしたらきゅうりとソーセージを加えてさっと炒め合わせる。
3　野菜スープストックを加えて3〜4分煮、塩小さじ1/2、粗びき黒こしょう少々で味を調える。

いんげん豆とじゃが芋のスープ

ホクホクの豆とじゃが芋をとり合わせた、素材の味を生かした素朴な味のスープです。長ねぎを加えて香りをプラスすると、味にも深みが出ます。

材料／2〜3人分
白いんげん豆（ゆでたものまたは水煮缶）
　200g
じゃが芋（メークイン）　2個
長ねぎ　1本
野菜スープストック（p.8参照）
　3カップ
○オリーブオイル　塩

1　じゃが芋は2〜3cm角に切り、長ねぎは小口切りにする。
2　鍋にオリーブオイル大さじ3を熱し、長ねぎを入れてゆっくりと炒め、白いんげん豆、じゃが芋を加えてさらに炒める。野菜スープストック1/2カップを加え、ふたをして弱火で10分ほど蒸し煮する。
3　残りの野菜スープストックを加え、じゃが芋がやわらかくなるまでさらに煮る。塩小さじ2/3で味を調える。

金時豆とかぼちゃのスープ

p.20「いんげん豆とじゃが芋のスープ」をアレンジしたひと皿。かぼちゃは蒸し煮せず、じっくり炒めてうまみと甘みを出し、こっくりとした味わいのスープに仕上げます。

材料／2〜3人分
金時豆（ゆでたものまたは水煮缶）
　200g
かぼちゃ　¼個
玉ねぎ　½個
ベーコン（ブロック）　50g
チキンスープストック（p.5参照）
　3カップ
◎バター　塩

1　かぼちゃは種とワタをとって皮をむき、5mm厚さに切る。玉ねぎは薄切りにし、ベーコンは細切りにする。
2　鍋にバター40gを溶かし、玉ねぎを入れて薄く色づくまでじっくりと炒め、ベーコンを加えてさらに炒める。かぼちゃを加え、形がくずれてねっとりしてくるまでじっくりと炒め合わせる。
3　チキンスープストック、金時豆を加え、ふたをして弱火で15分ほど煮る。塩小さじ⅔で味を調える。
4　器に盛り、好みでタイム（分量外）を添える。

ポーチドエッグとレタスのスープ

忙しい朝の時間や、軽くすませたい昼食におすすめのクイックスープです。スープに卵を落とし入れて白身がかたまったら器に盛りつけます。

17

材料／2人分
卵　2個
レタス　3〜4枚
ベーコン（ブロック）　40g
野菜スープストック（p.8参照）
　3カップ
◎塩　粗びき黒こしょう

1　卵は1個ずつ小さい容器に割り入れておく。レタスは大きめにちぎる。ベーコンは少し厚めの薄切りにする。
2　鍋にベーコンと野菜スープストックを入れて火にかけ、煮立ったら塩小さじ⅔、粗びき黒こしょう少々で調味する。
3　1の卵をそっと落とし入れ、白くかたまってきたらレタスを加え、すぐに火を止める。
4　器に盛り、粗びき黒こしょう適量をふる。

野菜スープストックが煮立ったら、卵を1個ずつ静かに落とし入れ、黄身をこわさないようにして白身に火を通す。

揚げ卵のカレー風味スープ

揚げ焼きした卵は、白身の縁がカリッとなって香ばしく、それだけでもおいしい！ ここではそんな揚げ卵を使ってパンにもご飯にも合うスープを作ります。

材料／2人分
卵　2個
玉ねぎ　½個
しょうが　1かけ
プチトマト　10個
カレー粉　小さじ1
チキンスープストック（p.5参照）
　3カップ
◎揚げ油　サラダ油　塩

1　卵は1個ずつ小さい容器に割り入れておく。玉ねぎは薄切りにし、しょうがはせん切りにする。プチトマトはヘタをとる。
2　フライパンに多めの油を熱し、1の卵を1個ずつ静かに落とし入れ、白身がかたまってきたら裏返し、両面揚げて油をきる。
3　鍋にサラダ油小さじ2、しょうが、玉ねぎを入れて炒め、しんなりしたらカレー粉を加えてなじませる。プチトマト、チキンスープストックを加え、アクをとりながら10分ほど煮る。塩小さじ⅔〜1で味を調え、仕上げに揚げ卵を加え、さっと温める。
4　器に盛り、好みで香菜（分量外）を添える。

卵は多めの油で揚げ焼きする。はじめはいじらず、白身がかたまってきたら裏返し、両面揚げる。

19 白い野菜のスープ

セロリ、長ねぎ、カリフラワー、かぶ……。
白い色の野菜で作る、あっさり塩味のスープ。
チキンスープストックを使い、コクを出します。

材料／3〜4人分
玉ねぎ　½個
セロリ　½本
じゃが芋（メークイン）　2個
かぶ　小3個
カリフラワー　½個
長ねぎ　½本
チキンスープストック（p.5参照）
　4カップ
◯オリーブオイル　塩

1　玉ねぎとセロリは2cm角に切り、じゃが芋はセロリより少し大きめに切る。かぶは皮つきのまま3〜4cm角に切り、カリフラワーは小房に分ける。長ねぎは小口切りにする。
2　鍋にオリーブオイル大さじ2を熱して玉ねぎ、長ねぎ、セロリを炒め、じゃが芋、かぶ、カリフラワーを加える。
3　チキンスープストック½カップを加え、ふたをして弱火で10分ほど蒸し煮する。
4　残りのチキンスープストックを加え、じゃが芋がやわらかくなるまでさらに10分ほど煮る。塩小さじ⅔〜1で味を調える。

里芋の豆乳スープ

やわらかく蒸し煮した里芋をつぶして具にした
やさしい味わいのヘルシースープ。
好みでしょうゆやみそをほんの少し加えてもよいでしょう。

材料／2〜3人分
里芋　4個
長ねぎ　⅓本
豆乳　1カップ
チキンスープストック
　1½カップ
◯オリーブオイル　塩　こしょう

1　里芋は小さめの乱切りにする。長ねぎは小口切りにする。
2　鍋にオリーブオイル大さじ2を熱して長ねぎを炒め、里芋を加えてさらに炒める。
3　チキンスープストック½カップを加え、ふたをして弱火で里芋がやわらかくなるまで蒸し煮する。
4　里芋がやわらかくなったらつぶすようにしながら混ぜ、残りのチキンスープストックと豆乳を加えてひと煮する。塩小さじ½、こしょう少々で味を調える。

せん切り大根の塩スープ

葉つきの大根を入手したときにぜひ作りたい1品。
オリーブオイルの代わりにごま油を入れれば中華風、
さらにビーフスープストックを使えば韓国風になります。

材料／2〜3人分
大根　1/2本
大根の葉　適量
チキンスープストック（p.5参照）
　4カップ
◎オリーブオイル　塩

1　大根はせん切りにする。大根葉は小口切りにする。
2　鍋にオリーブオイル大さじ1を熱して大根を炒め、チキンスープストック1/2カップを加え、ふたをして弱火で10分ほど蒸し煮する。
3　残りのチキンスープストックを加え、大根がやわらかくなるまでさらに10分ほど煮る。
4　塩小さじ2/3〜1で味を調え、大根の葉を加えてひと煮する。

干し白菜のスープ

干した野菜はうまみが凝縮されて美味。
ここでは干した白菜を使ってシンプルスープを作ります。
好みで薄切りベーコンを入れてもよいでしょう。

材料／2〜3人分
白菜　¼個
にんにく　1かけ
チキンスープストック（p.5参照）
　4カップ
◎オリーブオイル　黒粒こしょう
　塩

1　干し白菜を作る。白菜は外葉を2〜3枚はがし、芯の部分に包丁で切り目を入れ、さくようにして2等分にする。ザルの上に重ならないようにして並べ、天日で4〜5時間干す。

2　1の干し白菜の芯の部分に切り目を入れて4等分くらいにさき、長いものは半分の長さに切る。にんにくはみじん切りにする。

3　鍋にオリーブオイル大さじ2、にんにく、黒粒こしょう5〜6粒を入れて炒め、香りが出たら2の白菜を加えてさっと炒める。チキンスープストック1カップを加え、ふたをして弱火で10〜15分蒸し煮する。

4　残りのチキンスープストックを加えて温め、塩小さじ⅔〜1で味を調える。

丸ごとトマトのスープ

加熱したトマトは甘くてジューシー。
皮をむいてから煮るとスープにトマトのうまみが溶け出し、
コクのある味わいに。口当たりもよくなります。

材料／2人分
トマト　2個
チキンスープストック（p.5参照）
　3カップ
◎塩　オリーブオイル

1　トマトは皮を湯むきしてヘタをとる。
2　鍋にチキンスープストックを入れて温め、1のトマトを入れ、途中スープをかけながら弱火で15分ほど煮る。塩小さじ⅔で味を調える。
3　器に盛り、オリーブオイル大さじ2を回しかける。

丸ごと玉ねぎのスープ

梅干しの種を入れて煮ると、すっきりと味がまとまります。
また、玉ねぎの先端を上にして煮るのがポイント。かたい部分が下になり、
形がくずれにくくなります。できれば、やわらかい新玉ねぎを使うのがおすすめ。

材料／3人分
玉ねぎ（できれば新玉ねぎ）　小3個
梅干しの種　2個
チキンスープストック（p.5参照）
　5カップ
◎塩　オリーブオイル

1　玉ねぎは先端の茶色い皮の部分を少し残して皮をむき、根つきの部分を浅く切る。
2　鍋にチキンスープストック、梅干しの種を入れ、玉ねぎを先端を上にして並べ入れる。ふたをして、玉ねぎがやわらかくなるまで弱火でコトコトと煮る。塩小さじ2/3〜1で調味する。
3　器に盛り、オリーブオイル大さじ1を回しかける。好みでカリカリベーコン（分量外。p.12参照）をふる。

丸ごとじゃが芋のスープ

コトコト煮込んだじゃが芋は、ほろっとくずれるほどのやわらかさ。
チキンスープストックと牛乳で、ミルキーな味わいです。
じゃが芋は煮くずれしにくいメークインがおすすめ。

材料／3人分
じゃが芋（メークイン）　3個
牛乳　2カップ
チキンスープストック（p.5参照）
　1カップ
○バター　塩　粗びき黒こしょう

1　じゃが芋は皮をむいて鍋に入れ、バター30gとチキンスープストックを加える。ふたをして弱火でじゃが芋がやわらかくなるまで30分ほど蒸し煮する。
2　牛乳を加えてひと煮し、塩小さじ½で味を調える。
3　器に盛り、粗びき黒こしょう適量をふる。

丸ごとかぶのスープ

じっくり煮込んだかぶをひと口頬張ると
かぶの甘みとチキンスープストックのうまみがじんわり。
ここではナンプラーを加えてアジアンテイストにします。

材料／2人分
かぶ　4個
かぶの葉　適量
ナンプラー　小さじ 1/3
チキンスープストック（p.5参照）
　3カップ
◎塩　こしょう

1　かぶは茎の部分を1cmくらい残して皮をむき、葉は小口切りにする。
2　鍋に**1**のかぶ、チキンスープストック1カップを入れ、ふたをして弱火でかぶがやわらかくなるまで蒸し煮する。
3　かぶに竹串を刺してみてスッと通るくらいになったら、残りのチキンスープストックを加え、さらに10分ほど煮る。かぶの葉を加え、ナンプラー、塩小さじ 2/3、こしょう少々で味を調える。

スープが残ったら……
器にご飯を盛り、揚げエシャロット（p.12参照）をふり、スープを注いで汁かけご飯に。かぶの葉が残っていれば刻んでのせる。

オニオングラタンスープ

玉ねぎを褐色になるまでじっくりと炒めるのが
オニオンスープ最大のポイント。
さらにパンとチーズをのせてオーブンで焼き上げたのが
オニオングラタンスープ。極上のおいしさです。

材料／3～4人分
玉ねぎ　3個
バゲット　6～8cm
グリュイエールチーズ　80g
赤ワイン　大さじ2
チキンスープストック（p.5参照）
　4カップ
◎バター（食塩不使用）　塩
　粗びき黒こしょう

1　玉ねぎは繊維に沿って薄切りにする。バゲットは1cmくらいの厚さの薄切りにし、オーブントースターで軽く乾燥する程度に焼く。グリュイエールチーズは薄く削る。

2　鍋にバター50gを入れて溶かし、玉ねぎを加え、しんなりとして水分が出てきたら全体を混ぜるようにして炒める。鍋肌が焦げついてくるようなら少量の水（分量外）を足しながらこそげるようにして炒め、褐色になるまでじっくりと炒める。

3　2に赤ワインを加えてさっと煮詰め、チキンスープストックを加えて10分ほど煮る。塩小さじ2/3～1、粗びき黒こしょう少々で味を調える。

4　耐熱性のスープカップに3のオニオンスープを注ぎ、1のバゲット2枚とチーズをのせる。天パンにのせ、220℃のオーブンで焼き色がつくまで10分ほど焼く。仕上げに粗びき黒こしょう適量をふる。

玉ねぎは褐色になるまでじっくりと炒める。中火で30～40分ほど。

赤ワインとチキンスープストックでのばして、オニオンスープのでき上がり。このままでも十分おいしい。

オニオンスープを耐熱性のスープカップなどに入れ、バゲットとチーズをのせる。

この状態でオーブンに入れ、焼き上げる。オーブントースターで焼いてもよい。

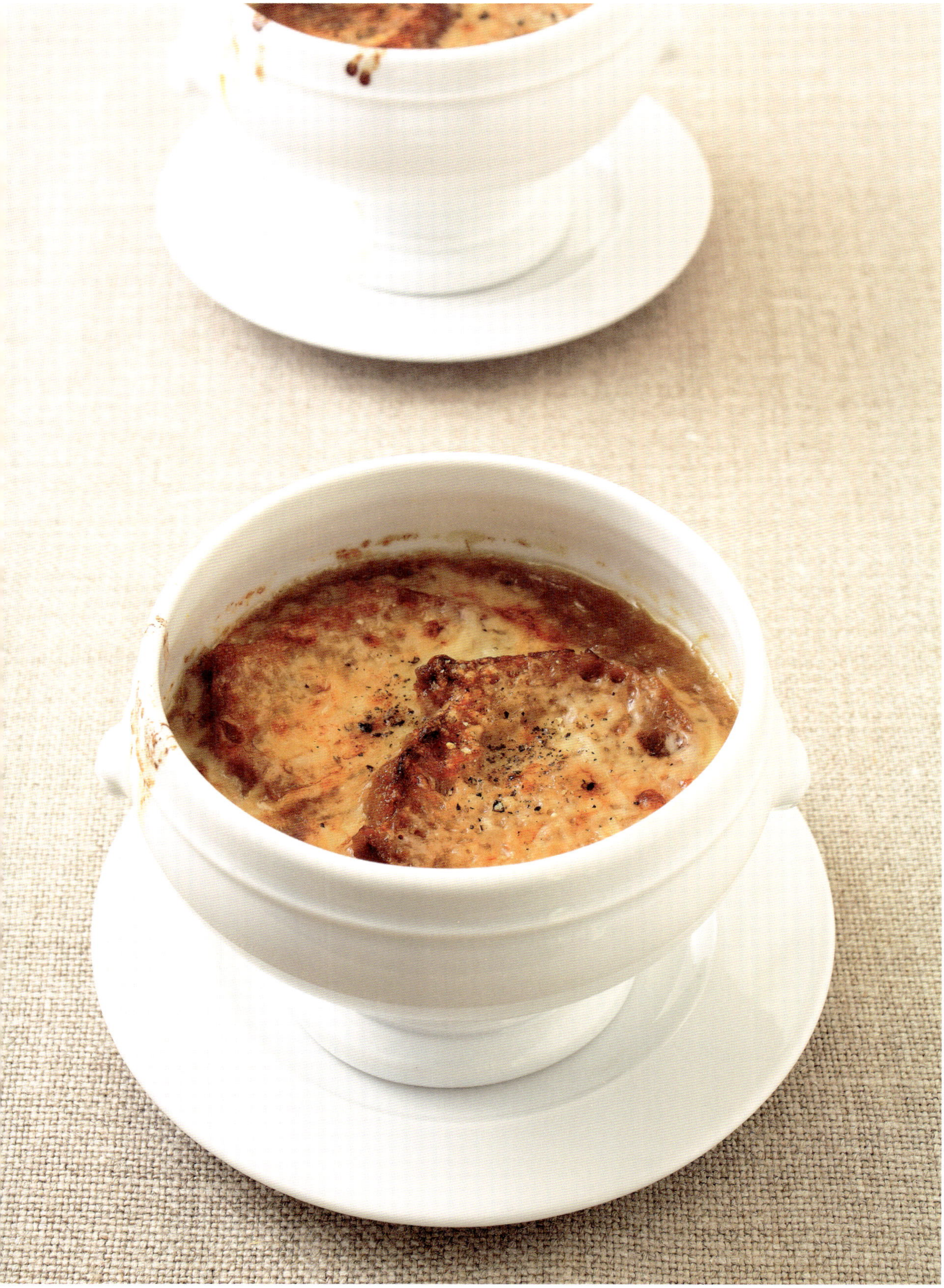

28 ソーセージときのこのポットパイ

ソーセージときのこを具にしたクリームスープに
パイ生地のふたをしてオーブンで焼き上げた1品。
焼きたてアツアツをフーフー言いながらいただくのが最高！

材料／2人分
ウインナーソーセージ　3本
玉ねぎ　½個
生しいたけ　4枚
マッシュルーム　4個
牛乳　1½カップ
生クリーム　70mℓ
冷凍パイシート　2枚
卵黄　1個分
チキンスープストック（p.5参照）
　1½カップ
◎バター　小麦粉　塩　こしょう

1　ウインナーソーセージは1cm厚さの輪切りにし、玉ねぎは1cm角に切る。生しいたけは軸をとって4～6等分に切り、マッシュルームは石づきをとって1cm厚さに切る。

2　鍋にバター大さじ2を熱して玉ねぎを炒め、しんなりしたらソーセージ、生しいたけ、マッシュルームを加えて炒め合わせる。チキンスープストック½カップを加え、ふたをして弱火で10分ほど蒸し煮する。

3　2に小麦粉大さじ2を加えてなじませるように炒め、残りのチキンスープストックを少しずつ加えて混ぜる。煮立ったら牛乳、生クリームの順に加え、塩小さじ⅔、こしょう少々で味を調える。

4　冷凍パイシートは自然解凍する。卵黄は水小さじ1と混ぜて卵液を作る。

5　耐熱性のスープカップに3のクリームスープを注ぎ、冷凍パイシートをカップに合わせてひと回り大きめに切り、ぴったりとふたをするようにかぶせる。上面に卵液をぬり、200℃のオーブンで焼き色がつくまで15分ほど焼く。

クリームスープは牛乳と生クリームを加えて仕上げる。あっさりさせたいときは牛乳だけでもよい。

カップにパイシートをかぶせ、ふたをするようにぴったりとくっつける。

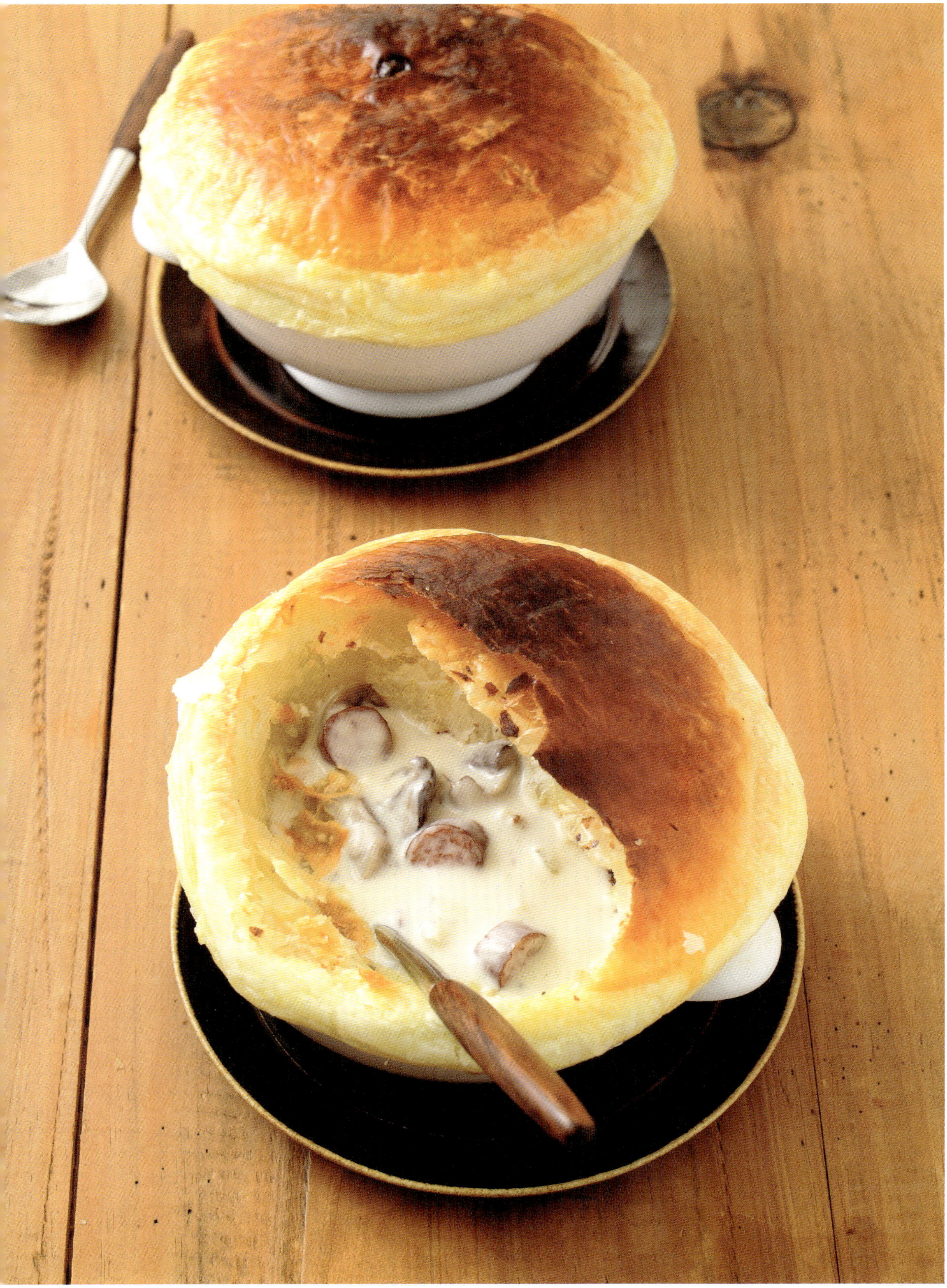

クラムチャウダー・
ニューイングランド風

クラムチャウダーは、あさりやはまぐりなどの二枚貝と野菜で作るスープ。
牛乳を使って白く仕上げるのが、ニューイングランド風です。
貝のうまみたっぷりで、いつ食べても飽きないおいしさです。

材料／3〜4人分
あさり（殻つき）　400g
ベーコン（ブロック）　40g
玉ねぎ　1/2個
セロリ　1/2本
じゃが芋（メークイン）　2個
長ねぎ　1/2本
牛乳　3/4カップ
生クリーム　大さじ4
野菜スープストック（p.8参照）
　2カップ
◎バター　小麦粉　塩　こしょう

1　あさりは塩水につけて砂出しし、水1/2カップとともに鍋に入れる。ふたをして火にかけ、あさりの口が開くまで蒸し煮する。身と汁に分け、身は殻からはずす。

2　ベーコン、玉ねぎ、セロリ、じゃが芋は1cm角に切る。長ねぎは小口切りにする。

3　鍋にバター20gを熱し、ベーコン、玉ねぎ、長ねぎを炒め、セロリ、じゃが芋の順に加えてさらに炒める。小麦粉大さじ1を加えて全体によくなじませる。

4　3に1のあさりの汁、野菜スープストックを加え、じゃが芋がやわらかくなるまで煮る。

5　牛乳とあさりの身を加えてひと煮し、生クリームを加え、塩小さじ2/3〜1、こしょう少々で味を調える。

6　器に盛り、好みでクラッカー（分量外）を添える。

あさりは少なめの水で蒸し煮し、身と汁に分ける。汁はうまみたっぷりなのでスープに使う。

野菜を炒めて小麦粉をなじませてから、あさりの汁を加える。あさりの汁を入れることで深みのあるスープになる。

牛乳と生クリームを加えてクリーミーに仕上げる。生クリームの分量は好みで調整してよい。

サワードゥブレッドに入れればサンフランシスコ風
サワードゥブレッド（天然酵母の酸味のある丸いパン）の上部を少し切り落とし、中をくり抜いてケース状にし、アツアツのクラムチャウダーを注ぎ入れる。サンフランシスコの名物料理。

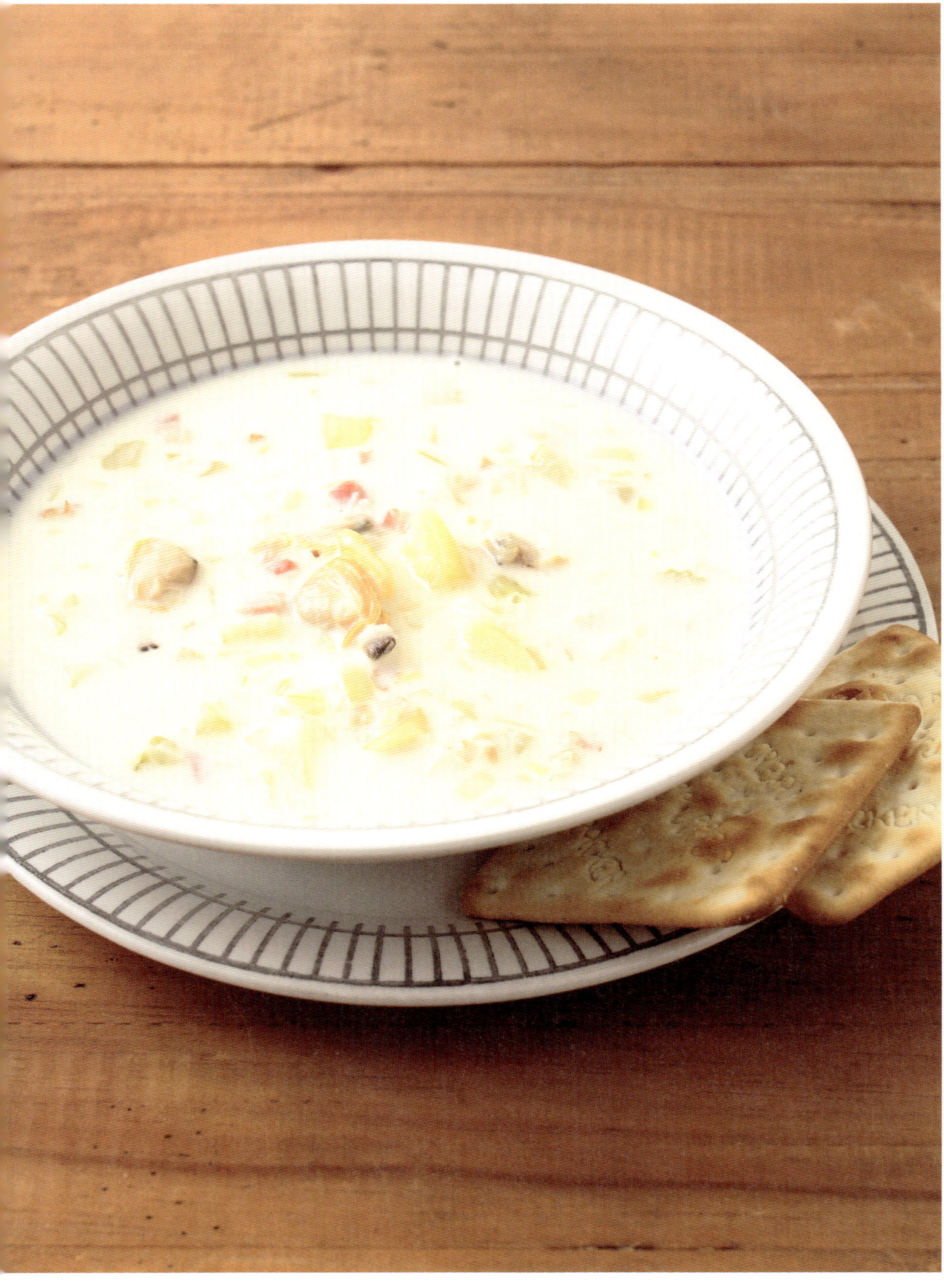

クラムチャウダー・マンハッタン風

同じクラムチャウダーでも、クリーム仕立てではなくトマト仕立てにするのが、マンハッタン風です。

材料／3〜4人分
あさり（殻つき） 400g
ベーコン（ブロック） 40g
セロリ 1本
にんじん ½本
じゃが芋（メークイン） 2個
玉ねぎ 1個
トマトピューレ ½カップ
野菜スープストック（p.8参照）
　3カップ
◎オリーブオイル　塩　こしょう

1　あさりは塩水につけて砂出しし、水½カップとともに鍋に入れる。ふたをして火にかけ、あさりの口が開くまで蒸し煮する。身と汁に分け、身は殻からはずす。

2　ベーコン、セロリ、にんじん、じゃが芋は1cm角に切る。玉ねぎは粗みじん切りにする。

3　鍋にオリーブオイル大さじ2を熱してベーコンを炒め、玉ねぎを加えてさらに炒める。セロリ、にんじん、じゃが芋を加えて炒め合わせる。

4　3に1のあさりの汁、野菜スープストック、トマトピューレを加え、野菜がやわらかくなるまで煮る。あさりの身を加え、塩小さじ⅔〜1、こしょう少々で味を調える。

5　器に盛り、好みでクラッカー（分量外）を添える。

野菜を炒めたら、あさりの汁、野菜スープストック、トマトピューレを加えて煮る。

かきのチャウダー

かきが旬の季節にぜひ作りたい、クラムチャウダーの応用編。
かきと相性のよいほうれん草を用い、シンプルに仕上げます。

材料／3〜4人分

かき（むき身） 200g
ほうれん草 1/4束
じゃが芋（メークイン） 1個
セロリ 1/4本
玉ねぎ 1/2個
生クリーム 1/4カップ
牛乳 1カップ
野菜スープストック（p.8参照） 1カップ
◎バター 小麦粉 塩 こしょう

1　かきは塩水の中でふり洗いし、水1カップとともに鍋に入れる。ふたをして弱火にかけ、ぷっくらとしてきたらザルに上げる。汁もとっておく。

2　ほうれん草はゆで、水けをしっかりと絞る。じゃが芋とセロリは1cm角に切り、玉ねぎはみじん切りにする。

3　鍋にバター20gを熱して玉ねぎを炒め、セロリ、じゃが芋の順に加えて炒め合わせる。小麦粉大さじ1を加えて全体によくなじませる。

4　3に1のかきの汁、野菜スープストックを加え、じゃが芋がやわらかくなるまで煮、ほうれん草を加える。

5　牛乳と生クリーム、かきの身を加えて温め、塩小さじ2/3、こしょう少々で味を調える。

かきは少なめの水で蒸し煮し、ぷっくらとしたら火を止める。汁はうまみたっぷりなのでスープに使う。

コーンポタージュ

32

生のとうもろこしから作るポタージュは
フレッシュな香りと甘さがあり、ほっとなごむ味わい。
とうもろこしの芯もいっしょに煮るのが、
おいしさのポイントです。

材料／3〜4人分
とうもろこし　3本
玉ねぎ　½個
牛乳　1カップ
野菜スープストック（p.8参照）
　3カップ
◎バター　塩

1　とうもろこしは半分の長さに切り、実を包丁でこそげとる。芯もとっておく。玉ねぎは薄切りにする。

2　鍋にバター30gを熱して玉ねぎを炒め、しんなりしたらとうもろこしの実と芯を加え、野菜スープストック2カップを加えて20分ほど煮る。

3　とうもろこしの芯を除いてミキサーに入れて撹拌し、なめらかにする。

4　3を漉しながら鍋に戻し、残りの野菜スープストックを加えて煮立て、牛乳を加えて温める。塩小さじ⅔〜1で味を調える。

5　器に盛り、好みでクルトン（分量外。p.12参照）をのせる。

とうもろこしは実をこそげとる。とうもろこしを立てて包丁を入れるとやりやすい。

とうもろこしを煮るときは、芯も加える。芯からもうまみと香りが出る。

とうもろこしを煮たら、芯を除いてミキサーにかける。

野菜スープストックと牛乳を加えてクリーミーに仕上げる。好みで生クリームを加えても。

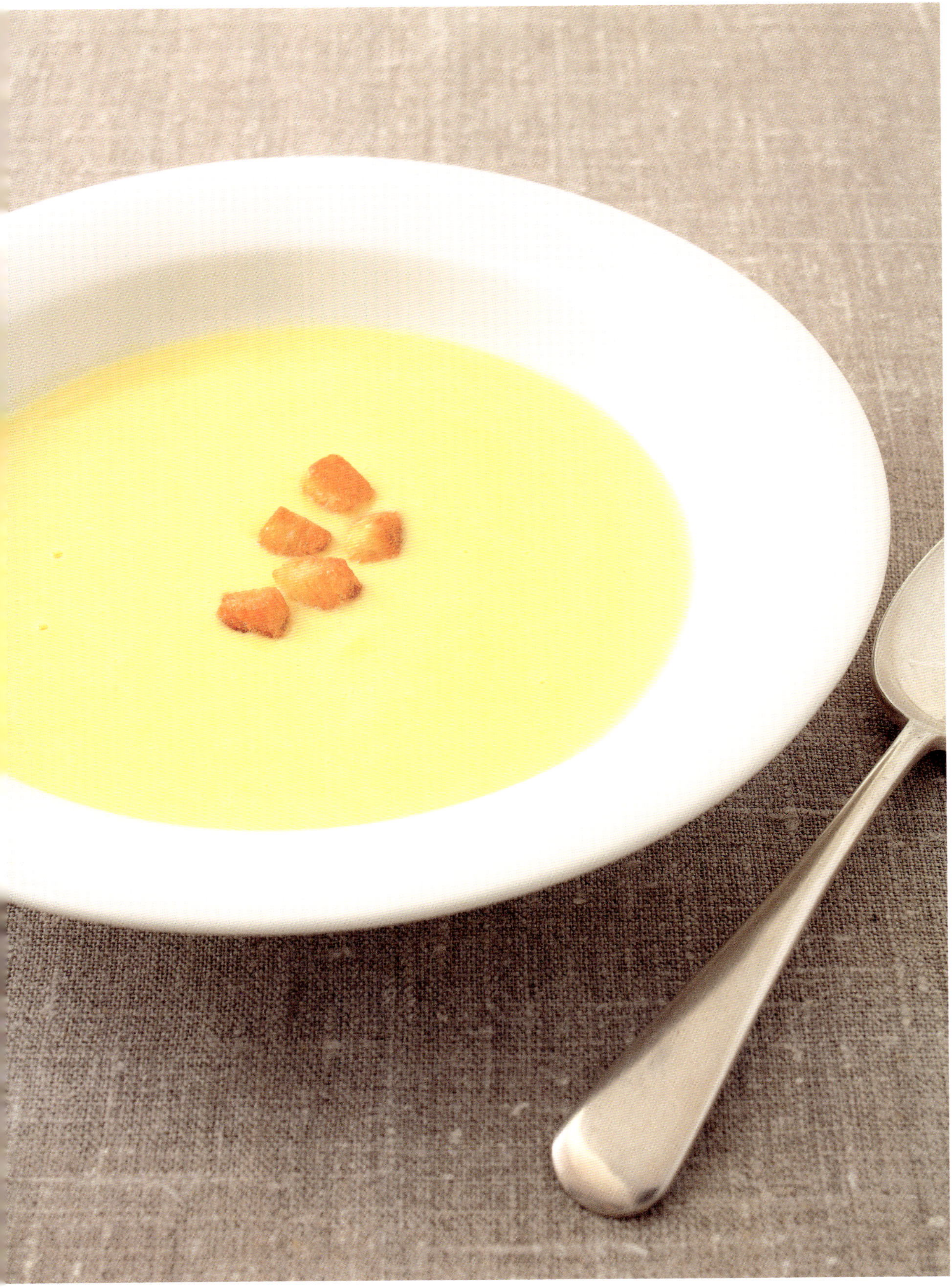

33 にんじんのポタージュ

ほんのりオレンジ色の、きれいな色のポタージュ。
にんじんを煮るときはバターを加え、
チキンスープストックを使ってコクを出します。

材料／2〜3人分
にんじん　2本
牛乳　½カップ
チキンスープストック（p.5参照）
　2カップ
◎バター　塩

1　にんじんは薄切りにする。
2　鍋に**1**、バター30g、塩ひとつまみを入れ、チキンスープストックをひたひたに加える。ふたをして弱火でにんじんがやわらかくなるまで煮る。
3　**2**をミキサーに入れて撹拌し、なめらかにする。
4　**3**を鍋に戻し、残りのチキンスープストックを加えて煮立て、牛乳を加えて温める。塩小さじ⅔で味を調える。

34 グリンピースのポタージュ

生のグリンピースで作る、色鮮やかなポタージュ。
グリンピースの香りを生かしたいから
スープストックは野菜由来のスープストックを使います。

材料／2～3人分
グリンピース（さやから出したもの）
　150g
牛乳　1/2カップ
野菜スープストック（p.8参照）
　2カップ
◎バター　塩

1　鍋にグリンピース、バター30g、塩ひとつまみを入れ、野菜スープストックをひたひたに加える。ふたをして弱火でグリンピースがやわらかくなるまで煮る。
2　1を煮汁ごとミキサーに入れて撹拌し、なめらかにする。
3　2を鍋に戻し、残りの野菜スープストックを加えて煮立て、牛乳を加えて温める。塩小さじ1/2で味を調える。

カリフラワーのポタージュ

カリフラワーを使った、やさしい味わいのポタージュ。
カリッと炒めたチョリソの辛さがアクセントです。

材料／2〜3人分
カリフラワー　1個
牛乳　1½カップ
生クリーム　大さじ1
チョリソソーセージ　2本
野菜スープストック（p.8参照）
　1¼カップ
◎バター　塩

1　カリフラワーは小房に分けて鍋に入れ、バター50g、野菜スープストックを加える。ふたをして弱火でカリフラワーがやわらかくなるまで煮る。

2　1をミキサーに入れて撹拌し、なめらかにする。

3　2を鍋に戻し、牛乳を加えて温め、生クリームを加え、塩小さじ⅔で味を調える。

4　チョリソは薄い輪切りにし、フライパンで炒めてカリッとさせる。ペーパータオルなどにとって油をきる。

5　器にスープを盛り、4のチョリソをのせる。

カリフラワーはバターを加え、野菜スープストックで蒸し煮する。バターの風味とコクをつける。

36 ごぼうのポタージュ

和の野菜の代表格・ごぼうでも、おいしいポタージュが作れます。色はちょっと悪いですが、味は最高。ごぼうの香りも存分に楽しめます。

材料／2～3人分
- ごぼう　1本
- 玉ねぎ　½個
- 牛乳　½カップ
- チキンスープストック（p.5参照）　2カップ
- ○バター　塩　粗びき黒こしょう

1. ごぼうは皮をこそげ、斜め薄切りにして10分水にさらす。玉ねぎは薄切りにする。
2. 鍋にバター30gを熱して玉ねぎを炒め、ごぼうを加えてよく炒める。チキンスープストックをひたひたに注ぎ、塩ひとつまみを入れ、ふたをして弱火で15分ほど蒸し煮する。
3. 2をミキサーに入れて撹拌し、なめらかにする。
4. 3を鍋に戻し、残りのチキンスープストックを加えて煮立て、牛乳を加えて温める。塩小さじ⅔で味を調える。
5. 器にスープを盛り、好みでカリカリベーコン（分量外。p.12参照）をのせ、粗びき黒こしょう少々をふる。

37 きのこのポタージュ

きのこは1種類より数種類使い、バターとオリーブオイルで炒めてから煮ると、味に深みが出ておいしくなります。

材料／2～3人分
- 生しいたけ　7枚
- しめじ　1パック
- エリンギ　大1本
- 牛乳　1½カップ
- チキンスープストック（p.5参照）　2カップ
- ○バター　オリーブオイル　塩

1. 生しいたけは石づきをとって薄切りにし、しめじ、エリンギも薄切りにする。
2. 鍋にバター30gとオリーブオイル大さじ1を熱して1を強火で炒め、塩ひとつまみを加える。チキンスープストック1カップを加え、ふたをして弱火で15分ほど蒸し煮する。
3. 2をミキサーに入れて撹拌し、なめらかにする。
4. 3を鍋に戻し、残りのチキンスープストックを加えて煮立て、牛乳を加えて温める。塩小さじ⅔～1で味を調える。
5. 器に盛り、好みで軽く泡立てた生クリーム（分量外）をのせる。

かぼちゃのポタージュ・ココナッツ風味

みんなの好きなかぼちゃのポタージュをちょっぴりアレンジ。
スープストックは使わずに水で煮て、ココナッツミルク、
カレー粉、シナモンを入れて個性的な味わいに。

38

材料／2〜3人分
かぼちゃ　1/4個
玉ねぎ　1/2個
カレー粉　小さじ1
シナモンパウダー　小さじ1
ココナッツミルク　1/2カップ
牛乳　3/4カップ
◎バター　塩　こしょう

1　かぼちゃは種とワタをとって皮をむき、5mm厚さに切る。玉ねぎは薄切りにする。
2　鍋にバター大さじ2を熱して玉ねぎを炒め、かぼちゃを加え、かぼちゃの形がくずれてねっとりしてくるまでじっくりと炒める。カレー粉、シナモンパウダーを加えて香りを出し、水2カップを加えて5〜6分煮る。
3　2をミキサーに入れて撹拌し、なめらかにする。
4　3を鍋に戻し、ココナッツミルクと牛乳を加えて温め、塩小さじ2/3、こしょう少々で味を調える。
5　器に盛り、好みでローストココナッツ（分量外。p.12参照）、香菜（分量外）を添える。

ココナッツミルクと牛乳を入れて仕上げる。好みで生クリームを加えてもよい。

豆のポタージュ・クミン風味

ほっくりとしたひよこ豆とクミンを組み合わせた
エスニックテイストのスープ。
クミンの香りとレモンの酸味がアクセントです。

39

材料／2～3人分
ひよこ豆（ゆでたものまたは水煮缶）
　150g
玉ねぎ　½個
にんにく　½かけ
クミンパウダー　小さじ1
牛乳　80mℓ
レモンの絞り汁　少々
チキンスープストック（p.5参照）
　2カップ
○オリーブオイル　塩　こしょう

1　玉ねぎは薄切りにし、にんにくはつぶす。
2　鍋にオリーブオイル大さじ2とにんにくを入れて火にかけ、香りが出たら玉ねぎを加えてしんなりするまで炒め、クミンパウダーを入れてなじませる。ひよこ豆を加えて炒め合わせ、チキンスープストックを加えて5～6分煮る。
3　2をミキサーに入れて撹拌し、なめらかにする。
4　3を鍋に戻し、牛乳を加えて温め、塩小さじ½、こしょう少々、レモンの絞り汁で味を調える。
5　器に盛り、好みでクミンパウダー、レモンの皮のせん切り（各分量外）をのせる。

クミンパウダーがなじんだら、ひよこ豆を加え、炒め合わせる。炒めてからスープストックを加えて煮る。

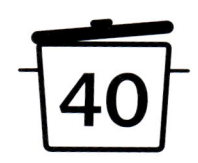

焼きトマトとビーツの
ポタージュ

トマトは皮ごと焼くことで甘みがギュッと凝縮。
最近ポピュラーになった野菜・ビーツと組み合わせて
赤い色のスープを作ります。牛乳の量は好みで加減します。

材料／2〜3人分
トマト　大1個
ビーツ　1個
玉ねぎ　1/2個
牛乳　1カップ
チキンスープストック（p.5参照）
　2カップ
○バター　塩

1　トマトはヘタをとってオーブントースターで10分ほど焼き、8等分に切る。ビーツは皮をむいて5mm厚さのいちょう切りにし、玉ねぎは薄切りにする。

2　鍋にバター30gをを熱して玉ねぎを炒め、しんなりしてきたらビーツを加えてさっと炒める。チキンスープストック1 1/2カップを注ぎ、ふたをして弱火で20分ほど蒸し煮する。

3　2にトマトを加えてつぶしながら混ぜ、再びふたをしてビーツがやわらかくなるまで煮る。

4　3をミキサーに入れて撹拌し、なめらかにする。

5　4を鍋に戻し、残りのチキンスープストックを加えて混ぜる。牛乳を加えて温め、塩小さじ2/3で味を調える。

6　器に盛り、好みでディル（分量外）を添える。

トマトはオーブントースターで焼き、切り分ける。焼くことでうまみが増す。

玉ねぎを炒めたらビーツを加えてさっと炒める。ビーツは火が通りにくいので、薄切りに。

なめらかになったトマトとビーツのピュレに、チキンスープストックを加えてのばす。

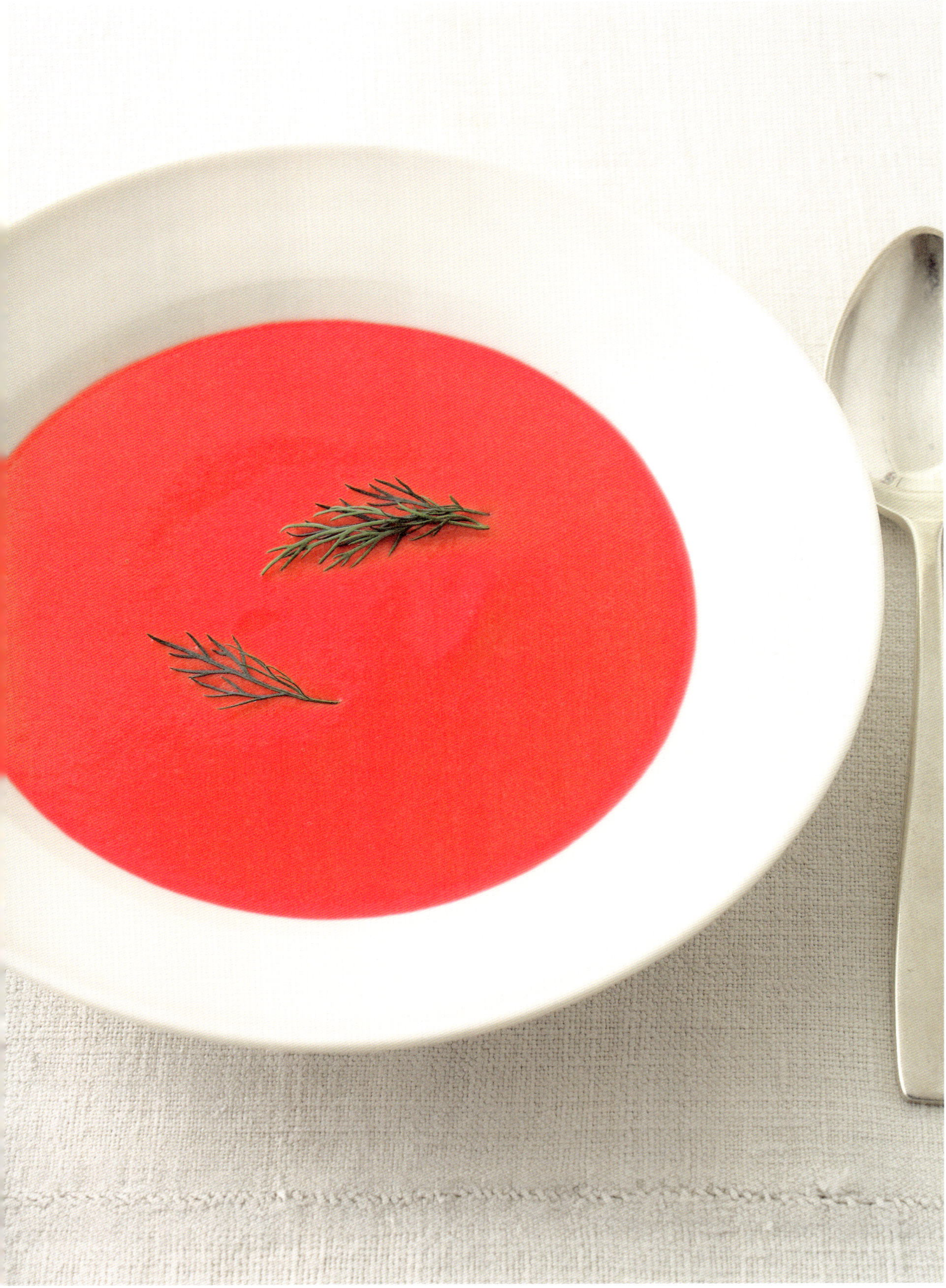

41 さつま芋とりんごのポタージュ

さつま芋の甘さとりんごのさわやかな酸味が溶け合った
秋に作りたい特製ポタージュ。りんごとシナモンの香りが鼻をくすぐります。
紅玉がない場合は、ふじなどの大きいりんご½個で代用します。

材料／2〜3人分
さつま芋　1本（250g）
りんご（紅玉）　1個
牛乳　1カップ
生クリーム　¼カップ
飾り用りんご　½個
シナモンパウダー　適量
野菜スープストック（p.8参照）
　2カップ
◯バター　塩

1　さつま芋は皮をむいて1cm厚さの輪切りにする。りんごは皮をむき、くし形に切ってから薄切りにする。合わせて鍋に入れ、バター40g、野菜スープストック1カップを加え、ふたをして弱火でさつま芋とりんごがやわらかくなるまで20分ほど蒸し煮する。
2　1をミキサーに入れて撹拌し、なめらかにする。
3　2を鍋に戻し、残りの野菜スープストック、牛乳と生クリームを加えて温める。塩小さじ⅔で味を調える。
4　飾り用りんごを小角切りにしてバター小さじ1で炒め、シナモンパウダーを少々ふってさらに炒める。
5　3のスープを器に盛り、4をのせる。好みでローストアーモンド（分量外。p.12参照）をのせ、シナモンパウダー少々をふる。

42 栗のポタージュ

秋のスープの代表格・栗のポタージュを
甘栗を使って手軽に作ります。
簡単にできるのに、味わいは本格派!

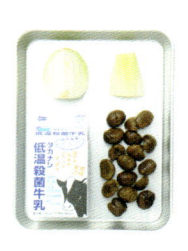

材料／2〜3人分

甘栗(むいたもの) 100g
玉ねぎ ¼個
セロリ 4cm
牛乳 大さじ4
チキンスープストック(p.5参照)
　1½カップ
◎バター　塩

1　甘栗は飾り用に2〜3粒残し、あとは刻む。玉ねぎとセロリは薄切りにする。

2　鍋にバター30gを熱して玉ねぎとセロリを炒め、しんなりしたら甘栗、チキンスープストックを加えて、5分ほど煮る。

3　2をミキサーに入れて撹拌し、なめらかにする。

4　3を鍋に戻し、牛乳を加えて温め、塩小さじ½で味を調える。

5　器に盛り、残しておいた甘栗を刻んでのせる。

43 ヴィシソワーズ

ヴィシソワーズとは、冷たいじゃが芋のポタージュのこと。
玉ねぎと長ねぎを使うのがおいしさのポイント。
すっきりとした味わいが魅力です。

材料／3〜4人分
じゃが芋（メークイン）　2個
長ねぎ　½本
玉ねぎ　½個
牛乳　1½カップ
チキンスープストック（p.5参照）
　2カップ
◎バター　塩

1　じゃが芋は皮をむいていちょう切りにし、水にさらす。長ねぎは小口切りにし、玉ねぎは薄切りにする。
2　鍋にバター30gを熱して長ねぎ、玉ねぎを炒め、しっとりしてきたらじゃが芋を加えてさっと炒め、チキンスープストックを加える。ふたをして弱火でじゃが芋がやわらかくなるまで15〜20分蒸し煮する。
3　2をミキサーに入れて撹拌し、なめらかにする。
4　3を鍋に戻し、牛乳を加えて混ぜ、塩小さじ⅔〜1で味を調える。冷蔵庫に入れて冷やす。
5　器に盛り、シブレットの小口切り（分量外）をのせる。

44 冷製アボカドのポタージュ

ミキサーにかけてなめらかにし、冷蔵庫で冷やすだけ。
食べたいときにすぐに作れるクイックレシピです。

材料／2〜3人分
アボカド　1個
レモンの絞り汁　大さじ1
牛乳　120mℓ
プチトマト　3個
野菜スープストック（p.8参照）
　1カップ
◯塩

1　アボカドは皮と種をとってざく切りにする。
2　1、レモンの絞り汁、牛乳、野菜スープストックをミキサーに入れて撹拌し、なめらかにする。
3　ボウルなどに移して塩小さじ2/3で味を調え、冷蔵庫で冷やす。
4　器に盛り、プチトマトを刻んでのせる。好みでレモンのいちょう切り（分量外）を添え、オリーブオイル（分量外）をたらす。

45 えびのビスク

濃厚でクリーミーな味わいのえびのスープです。
えびの殻や頭をつぶしてうまみを十分に抽出するのがポイント。
ちょっと手間はかかりますが、おいしさは一級品。
ここではちょっと贅沢に甘えびを使います。芝えびを使っても。

材料／2～3人分
甘えび　200g
にんにく　1/2かけ
玉ねぎ　1/4個
セロリ　1/3本
にんじん　1/4本
トマト　1個
ブランデー　大さじ2
生クリーム　80ml
◎オリーブオイル　塩

1　甘えびは頭と殻、尾をとり、身と分ける。にんにくはつぶし、玉ねぎ、セロリ、にんじんは粗みじん切りにする。トマトはざく切りにする。

2　鍋にオリーブオイル大さじ2とにんにくを入れて火にかけ、香りが出たら玉ねぎ、セロリ、にんじんを加えて炒め、甘えびの頭と殻、尾を加えてつぶしながらよく炒める。

3　ブランデーをふってアルコール分が飛ぶまで煮詰め、トマトを加えてつぶしながら混ぜる。水2カップを加え、ときどきつぶしながら5～6分煮、身を飾り用に4～6尾残して加えて火を通す。

4　3をミキサーに入れて軽く撹拌し、漉し器で漉す。鍋に戻し、塩小さじ2/3で味を調え、生クリームを加えて温める。

5　3で残しておいた甘えびはさっとゆでる。

6　器に4のスープを盛り、5をのせる。

甘えびの頭、殻、尾を、ヘラでつぶしながらよく炒める。

ブランデーで香りをつけたら、トマトを加える。このトマトが仕上がりの色に反映される。

えびの殻をつぶしながら煮たら、えびの身を加えて火を通す。

ミキサーに移し、この状態で軽く撹拌する。これを漉すと濃厚なスープになる。

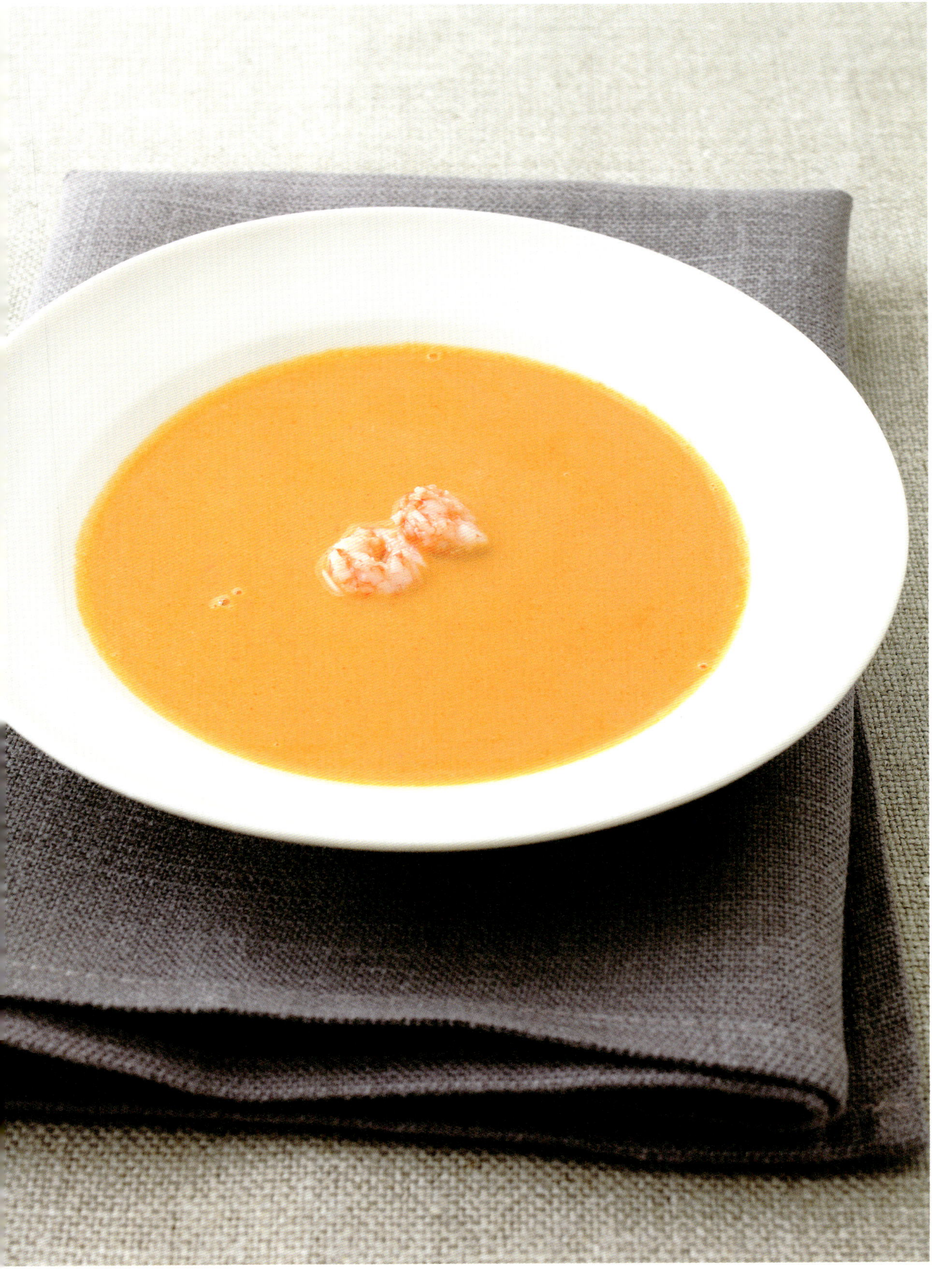

スープ・ド・ポワソン（南仏風魚のスープ）

本来は魚介のアラで作る、南仏のビストロではポピュラーな庶民的スープ。
ここでは手に入りやすい白身魚を1尾ごと使って作ります。
白身魚の濃厚なうまみに感激！　手間をかけただけのおいしさがあります。

材料／3～4人分

鯛、ほうぼう、めばる、
　　はたはたなど合わせて　1kg
にんにく　2かけ
長ねぎ　1本
玉ねぎ　1個
フェンネル　1株
トマト　2個
トマトペースト　大さじ2
ブーケガルニ*　1個
フェンネルシード　小さじ2
サフラン　ふたつまみ
冷やご飯　大さじ2
カイエンペッパー　少々

ルイユ*

卵黄　1個分
にんにくのすりおろし
　　1かけ分
パプリカパウダー　小さじ½
カイエンペッパー　小さじ¼
サフラン　ひとつまみ
塩　小さじ½
オリーブオイル　大さじ3

バゲットの薄切り
　　（カリカリに焼いたもの）　適量
◎オリーブオイル　塩

*ブーケガルニ……パセリの軸、ローリエ、タイムなど数種類のハーブを束ねたもの。市販品もある。
*ルイユ……穏やかな辛みのあるマヨネーズ状のソース。

1　魚はうろこやえら、内臓をとり除き、筒切りにする（頭も捨てずに使う）。にんにくはつぶす。長ねぎと玉ねぎは薄切りにし、フェンネルは繊維に逆らって薄切りにする。トマトはくし形に切る。

2　鍋にオリーブオイル大さじ3とにんにくを入れて熱し、香りが出たら長ねぎ、玉ねぎ、フェンネルを加え、甘みが出るまで炒める。**1**の魚を加え、20～30分かけてさらにじっくりと炒める。

3　**2**に水2ℓを加えて煮立て、アクをとり、トマト、トマトペースト、ブーケガルニ、フェンネルシード、サフランを加え、弱火にして2時間ほど煮る。

4　**3**をザルで漉し、大きな骨やブーケガルニはとり除く。漉したスープは鍋に戻す。

5　**4**のスープから2カップだけをミキサーに入れ、ザルに残った魚150g（それ以外は捨てる）、冷やご飯を加えて撹拌し、なめらかにする。**4**の鍋に加えて温め、カイエンペッパー、塩小さじ⅔～1で味を調える。

6　ルイユを作る。ボウルに卵黄とにんにくを入れて混ぜ、パプリカパウダー、カイエンペッパー、すりつぶしたサフラン、塩を加え、オリーブオイルを少しずつ加えてマヨネーズ状にする。

7　スープを器に盛り、バゲットにルイユをのせて添え、グリュイエールチーズ（分量外）をふる。

魚の身がほろほろにくずれ、水分が少なくなるまで炒める。

ザルで漉すときは、ヘラでギュウギュウ押しながら魚のエキスを出す。

漉したスープとザルに残った魚の一部、冷やご飯をミキサーにかける。これをスープに戻せばとろみがつく。

47 たらとじゃが芋のブイヤベース風

サフランの風味が溶け込んだ南仏の料理・ブイヤベースをアレンジ。たらとじゃが芋で手軽に作ります。
ルイユ（p.57 参照）を入れていただくのもおすすめです。

材料／3〜4人分
- 生たら　2〜3切れ
- じゃが芋（メークイン）　3個
- 長ねぎ　1本
- にんにく　1かけ
- トマト　1個
- 白ワイン　1/2カップ
- サフラン　ひとつまみ
- ◎塩　こしょう　小麦粉　オリーブオイル

1 たらは3〜4等分に切り、塩、こしょう各少々をふり、小麦粉適量をまぶす。じゃが芋は皮をむいて3〜4cm角に切り、長ねぎは小口切りにする。にんにくはつぶし、トマトは皮を湯むきして種をとり、ざく切りにする。

2 鍋にオリーブオイル大さじ1を熱してたらを入れ、表面を焼いてとり出す。

3 2のフライパンにオリーブオイル大さじ2を足し、にんにく、長ねぎを入れて炒め、しんなりしたらじゃが芋を加えてさらに炒め、トマトを加えてつぶすように炒め合わせる。

4 白ワイン、サフランを加えて煮詰め、水3カップを加えてじゃが芋がやわらかくなるまで煮る。

5 たらを戻し入れ、ほぐすようにしながら混ぜ、さらに10分ほど煮る。塩小さじ2/3〜1で味を調える。

6 器に盛り、好みでルイユ（分量外。p.57 参照）を添える。

たらは塩、こしょう、小麦粉をつけ、表面全体を焼く。うまみが逃げず、食感もよくなる。

トマトを加えて炒め、うまみを出す。このトマトとサフランがブイヤベースのポイント。

スープが残ったら……
スープにご飯を入れて軽く煮詰め、サフラン風味のリゾットに。

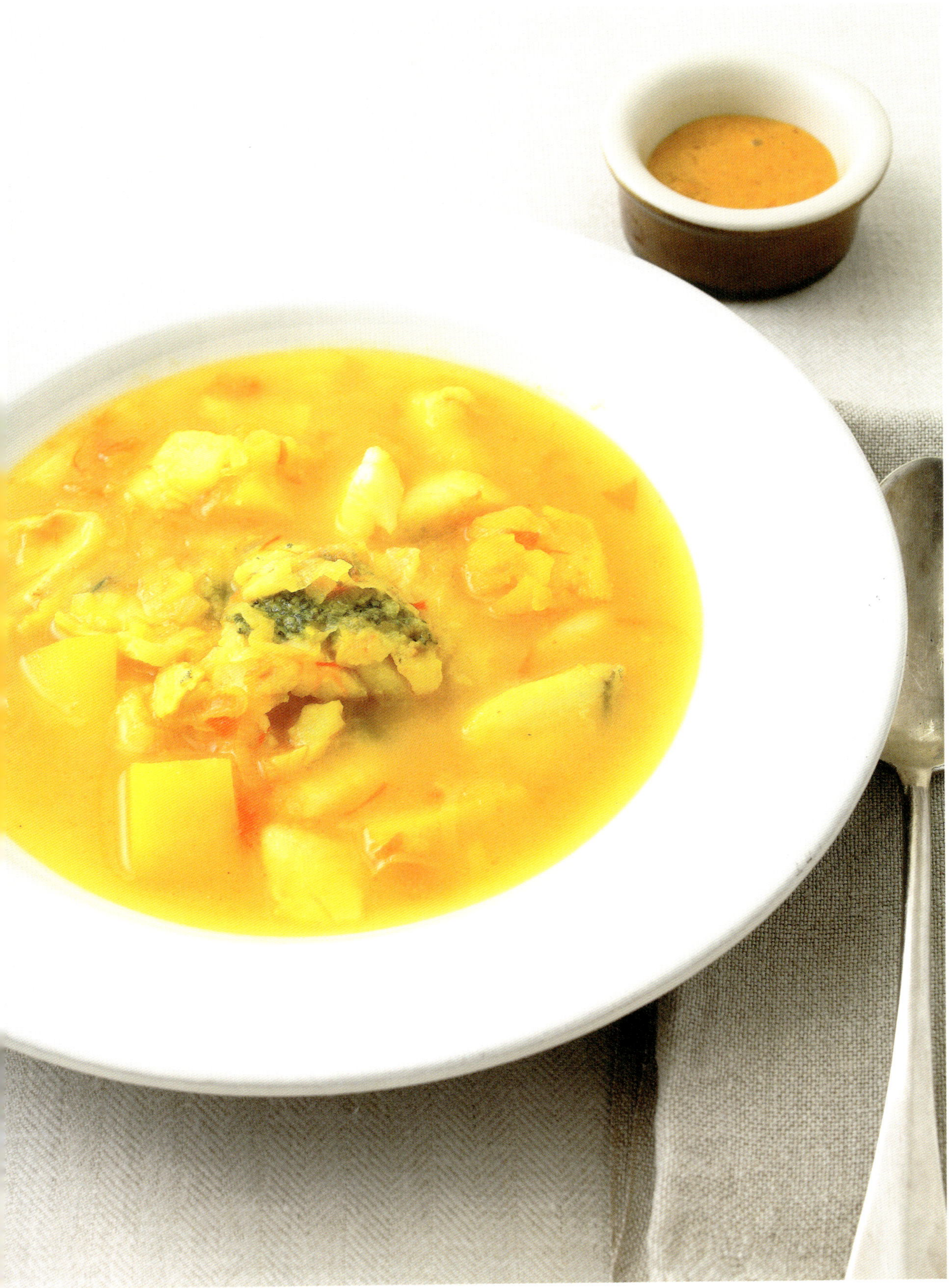

アクア・コッタ（イタリア風パンと卵のスープ）

イタリア語でアクアは水、コッタは煮たという意味のスープ。
セロリとトマトと玉ねぎがベースのシンプルスープに
卵を落とし、パンにかけていただきます。

材料／3人分
にんにく　1かけ
玉ねぎ　1個
セロリ　1本
トマト　1個
卵　3個
ガーリックトースト
　バゲット　9cm
　にんにく　1かけ
　チキンスープストックまたは水
　　3カップ
◎オリーブオイル　塩　こしょう

1　にんにくはつぶす。玉ねぎとセロリは薄切りにする。トマトは皮を湯むきしてざく切りにする。
2　鍋にオリーブオイル大さじ3を熱してにんにく、玉ねぎを炒める。しんなりとして甘みが出たらセロリを加えてさらに炒め、チキンスープストックまたは水、トマトを加える。塩小さじ2/3〜1、こしょう少々をし、15〜20分煮る。
3　卵を2の鍋に落とし入れ、半熟程度にかたまったら火を止める。
4　ガーリックトーストを作る。バゲットは1cm厚さに切り、オーブントースターで焼いてにんにくをすりつける。
5　器に4を3切れずつ入れ、3のスープを注ぐ。

器にガーリックトーストを入れておき、上からスープを注ぐ。残ったパンを有効に使うためのアイディア料理。

49 ソバ・デ・アホ（スペイン風にんにくスープ）

スペイン語でソバはスープ、アホはにんにくの意。
スペインではポピュラーなスープで、
にんにくの香りが食欲をそそります。

材料／2〜3人分
にんにく　4かけ
生ハム　50g
バゲット　6cm
パプリカパウダー　小さじ1
卵　1個
野菜スープストック（p.8参照）
　3カップ
○オリーブオイル　塩　こしょう

1　にんにくは薄切りにし、生ハムは小さくちぎる。バゲットは2cm角に切る。
2　鍋にオリーブオイル大さじ4とにんにくを入れて火にかけ、香りが出たら生ハムとバゲットを加えてさらに炒め、パプリカパウダーを加えて炒め合わせる。
3　野菜スープストックを加えて温め、塩小さじ½、こしょう少々で味を調える。
4　卵を割りほぐして回し入れ、かたまってきたら全体に混ぜる。
5　器に盛り、好みでイタリアンパセリのみじん切り（分量外）を散らす。

ガスパチョ

野菜が角切りで入っているものやピューレ状のものなど
ガスパチョのレシピはさまざま。ここでは焼きパプリカと
プチトマトを使った、なめらかタイプを紹介。
さわやかな酸味と甘みが人気です。

材料／2～3人分
パプリカ（赤）　2個
ミディトマト　8個
バゲット　8～9cm
玉ねぎ　1/4個
セロリ　1/2本
きゅうり　1本
レモンの絞り汁　適量
◎塩　オリーブオイル

1 パプリカはオーブントースターまたはグリルに入れ、ときどきひっくり返しながら皮が黒く焦げるまで焼く。バットなどにとり出し、ヘタを除いて皮をむき、手でさく。種があればとり除く。

2 ミディトマトはヘタをとる。バゲットは2cm厚さに切り、水1カップに浸してふやかし、水けを絞る。

3 **1**とミディトマトをミキサーに入れ、**2**のバゲットをちぎって加え、塩小さじ2/3～1、オリーブオイル大さじ6、冷水1カップを加えて撹拌し、なめらかにする。

4 ボウルなどに移し、塩少々、レモンの絞り汁少々で味を調える。冷蔵庫で冷やす。

5 玉ねぎ、セロリ、きゅうりは5mm角に切り、塩少々、オリーブオイル大さじ2、レモンの絞り汁少々であえる。

6 器に**4**のスープを盛り、**5**をのせ、好みで香菜(分量外)を添える。オリーブオイル少々をたらす。

パプリカは真っ黒に焦げるまで焼いて皮をむいて使う。パプリカのうまみがギュッと凝縮される。

バゲットを水に浸してやわらかくする。スープにパンが入ることでとろみがつく。

ミキサーにパプリカ、ミディトマト、水に浸したパン、塩、オリーブオイル、冷水を入れて撹拌。

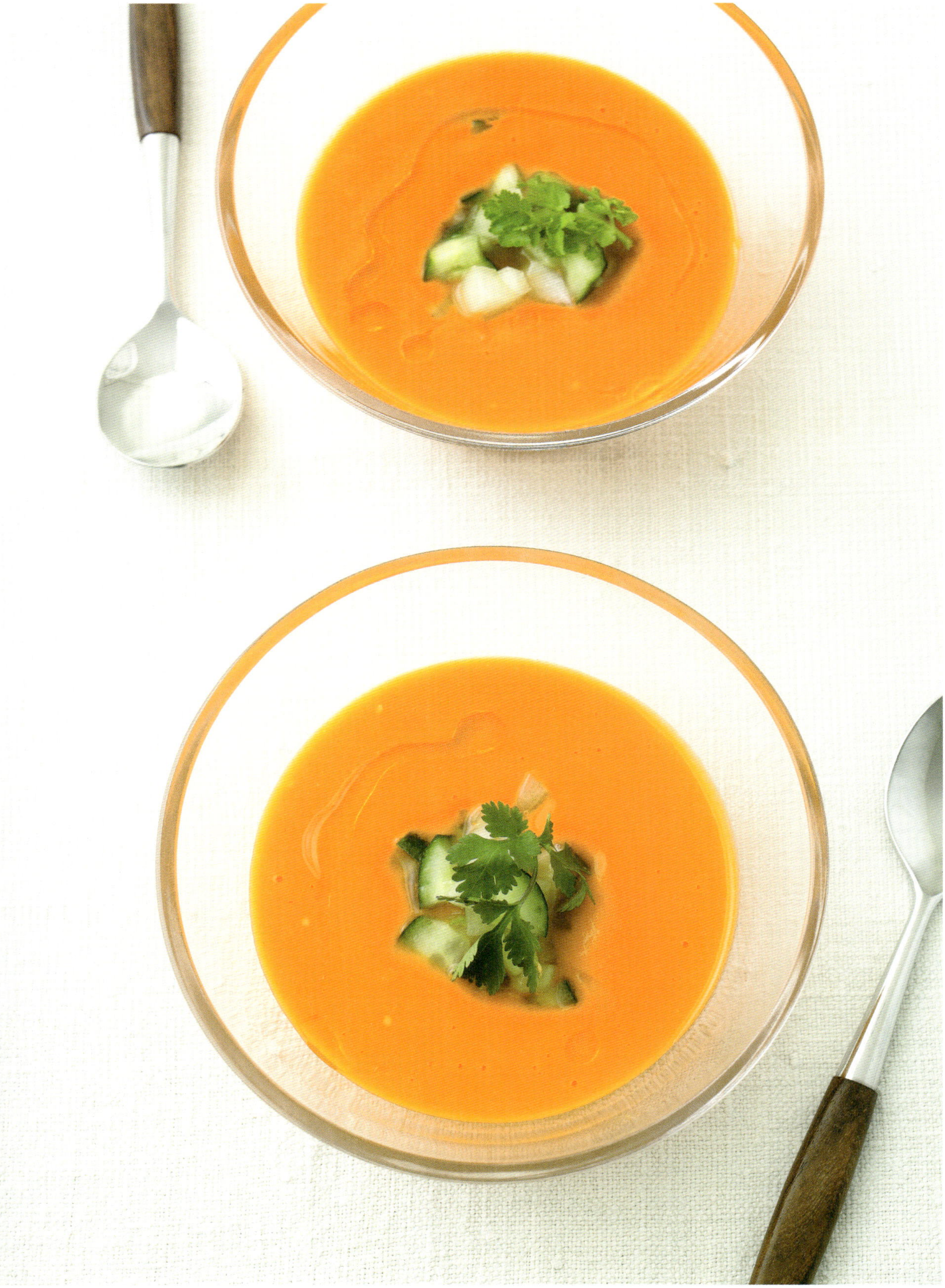

51 ハリーラ（モロッコ風豆のスープ）

豆と野菜の入った具だくさんのスープ。
とろみづけに米も加え、ボリューム満点に仕上げます。
レモンを絞っていただきます。

材料／2～3人分
レンズ豆　60g
玉ねぎ　½個
セロリ　1本
香菜　1株
イタリアンパセリ　2～3本
ジンジャーパウダー　小さじ1
ターメリック　小さじ1
トマトペースト　大さじ1
米　30g
レモン　適量
◎オリーブオイル　サラダ油
　粗びき黒こしょう　塩

1　レンズ豆は洗ってザルに上げ、水けをきる。玉ねぎ、セロリ、香菜、イタリアンパセリはみじん切りにする。

2　鍋にオリーブオイル大さじ3とサラダ油大さじ3を熱し、玉ねぎ、セロリを炒め、しんなりとしたら香菜とイタリアンパセリを加えてさらに炒める。ジンジャーパウダー、ターメリック、粗びき黒こしょう小さじ1を加えてなじませる。

3　2にレンズ豆、トマトペーストを加えてさらに炒め、水3カップと米を加える。ふたをして弱火で豆と米がやわらかくなるまで30分ほど煮る。塩小さじ⅔～1で味を調える。

4　器に盛り、レモンを添える。

52 モロヘイヤのスープ

エジプトの定番ヘルシースープ。
ひき肉を加えてコクと甘みを出すと
モロヘイヤが苦手な人もおいしくいただけます。

材料／2〜3人分
モロヘイヤ　1袋
にんにく　1かけ
豚ひき肉　150g
コーン缶または冷凍コーン
　100g
野菜スープストック　3カップ
○サラダ油　塩
　粗びき黒こしょう

1　モロヘイヤはさっとゆで、みじん切りにして粘りを出す。にんにくはみじん切りにする。
2　鍋にサラダ油大さじ1を熱してにんにくを炒め、豚ひき肉を加えて色が変わるまで炒める。
3　2に野菜スープストックを加え、アクをとりながら5分ほど煮、モロヘイヤとコーンを加える。塩小さじ½で味を調える。
4　器に盛り、粗びき黒こしょう少々をふる。

53 チリコンカンスープ

キドニービーンズとひき肉、野菜で作る
スパイシーでホットな食べるスープ。
煮込む時間を加減して、好みの濃度に仕上げます。

材料／2〜3人分
キドニービーンズ（ゆでたものまたは
　水煮缶）　250g
牛ひき肉　100g
さやいんげん　50g
にんにく　1かけ
玉ねぎ　½個
香菜　1株
チリパウダー　大さじ1
カイエンペッパー　小さじ¼
トマトピューレ　50ml
野菜スープストック（p.8参照）
　2カップ
◎オリーブオイル　塩
　粗びき黒こしょう

1　さやいんげんは小口切りにし、にんにくと玉ねぎはみじん切りにする。香菜は刻む。
2　鍋にオリーブオイル大さじ2を熱してにんにく、玉ねぎを炒め、牛ひき肉を加えてさらに炒める。チリパウダー、カイエンペッパー、トマトピューレを加えて混ぜる。
3　野菜スープストック、キドニービーンズ、さやいんげんを加えて15〜20分煮る。香菜を加え、塩小さじ⅔で味を調える。
4　器に盛り、粗びき黒こしょう適量をふる。

54 ライムスープ

鶏胸肉であっさりとしただしをとり、
ハラペーニョで辛く、ライムでさわやかに仕上げるのが特徴。
トルティーヤチップスをトッピングしていただきます。

材料／2〜3人分

鶏胸肉　1枚
玉ねぎ　1個
にんにく　2かけ
トマト　2個
ハラペーニョ（瓶詰）　20g
ライムの絞り汁　1個分
トルティーヤチップス　適量
○オリーブオイル　塩

1　鶏肉は皮をとって余分な脂をとる。玉ねぎ、にんにくはみじん切りにし、トマトはざく切りにする。ハラペーニョはみじん切りにする。

2　鍋にオリーブオイル大さじ2を熱し、にんにく、玉ねぎ、ハラペーニョを炒める。水4カップと鶏肉、トマトを加え、弱火で20分ほど煮る。

3　2から鶏肉をとり出し、手でさいて鍋に戻す。ライムの絞り汁、塩小さじ2/3〜1で味を調える。

4　器に盛り、トルティーヤチップスを割ってのせ、あればライムのいちょう切り（分量外）を添える。

シーフードガンボスープ

ガンボスープはケイジャン料理の定番。
ここでは、えびと貝柱を使ったタイプを紹介。
オクラは必須、小麦粉でとろみをつけるのが特徴です。

材料／2〜3人分
オクラ 100g
にんにく 2かけ
玉ねぎ ½個
ピーマン 2個
セロリ 1本
トマト 2個
ブーケガルニ＊ 1個
帆立て貝柱 3個
むきえび 100g
チキンスープストック（p.5参照）
　　3カップ
◎バター　塩　こしょう　小麦粉

＊ブーケガルニ……パセリの軸、ローリエ、タイムなど数種類のハーブを束ねたもの。市販品もある。

1　オクラは板ずりし、ガクをとり除いて小口切りにする。にんにく、玉ねぎ、ピーマン、セロリはみじん切りにし、トマトはざく切りにする。

2　鍋にバター20gを熱してオクラを入れ、粘りがなくなってくるまで炒め、とり出す。

3　2の鍋にバター20gを足し、にんにくを炒めて香りを出し、玉ねぎ、ピーマン、セロリを加えてしっとりとするまで炒める。小麦粉小さじ1を加え、全体を炒め合わせ、トマトを加えてつぶす。

4　チキンスープストック、2のオクラ、ブーケガルニを加え、煮立ったらアクをとり、ふたを少しずらして弱火で20〜30分煮る。ブーケガルニはとり除く。

5　帆立て貝柱を1〜2cm角に切って加え、むきえびも入れ、さらに5〜6分煮る。塩小さじ⅔とこしょう少々で味を調える。

モンゴル風ラムと長ねぎのスープ

ラムと相性のよい長ねぎをたっぷり入れた
シンプルなおいしさの塩スープ。
体が温まるので、肌寒い日におすすめです。

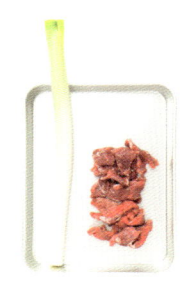

材料／2〜3人分
ラムもも薄切り肉　150g
長ねぎ　1本
○塩　こしょう

1　ラム肉は食べやすい大きさに切り、塩小さじ2/3をまぶし、1時間ほどおく。長ねぎは斜め薄切りにする。
2　鍋に水3カップを入れて火にかけ、**1**のラム肉と長ねぎを加え、ふたをして煮る。アクが出てきたらとり除き、ラム肉がやわらかくなって長ねぎがしんなりしたら、こしょう少々で味を調える。

スープが残ったら……
そうめんまたは細めのうどんをゆで、または冷凍うどんをそのまま加え、温め直す。器に盛って粗びき黒こしょうをたっぷりとふる。

57 レンズ豆のスープ

クミンシードを炒めて香りを立たせ、
マスタードシードや赤唐辛子を加えてスパイシーに仕上げます。
煮る時間を加減して好みの濃度に。ご飯にかけてもおいしい！

材料／2〜3人分
レンズ豆（皮なし・ひき割り）　150g
玉ねぎ　½個
にんにく　1かけ
トマト　1個
赤唐辛子　1本
香菜　1株
クミンシード　大さじ1
マスタードシード　小さじ2
◎サラダ油　塩

1　レンズ豆はざっと洗ってザルに上げ、水けをきる。玉ねぎとにんにくは薄切りにし、トマトはざく切りにする。赤唐辛子はちぎる。香菜は刻む。

2　鍋にサラダ油大さじ3を熱してクミンシードを炒め、香りが出たらマスタードシード、玉ねぎ、にんにく、赤唐辛子を加えてさらに炒める。トマトを加え、つぶしながら炒め合わせる。

3　2に水4カップを加え、沸騰したらアクをとり、レンズ豆を入れる。レンズ豆がやわらかくなるまで20〜30分ほど煮、塩小さじ⅔〜1で味を調える。香菜を飾り用に少し残して加える。

4　器に盛り、残しておいた香菜をのせる。

58 きゅうりとミントのライタ風スープ

インドのサラダ"ライタ"をアレンジした
ヨーグルトをベースにしたスープ。
クミンとミントの香りがエキゾチックです。

材料／2～3人分
きゅうり　2本
玉ねぎ　¼個
ミント　2つまみ
プレーンヨーグルト　400ｇ
レモンの絞り汁　小さじ1
クミンパウダー　小さじ1
○塩　オリーブオイル

1　きゅうりは縦4つ割りにし、種をスプーンなどでそぎとり、1cm幅に切る。塩少々をふって少しおき、水けをきる。玉ねぎ、ミントはみじん切りにする。
2　クミンパウダーはから炒りして香りを出す。
3　ボウルにきゅうりと玉ねぎを入れ、水½カップ、プレーンヨーグルト、レモンの絞り汁、オリーブオイル大さじ1、塩小さじ⅔～1を加えて混ぜ合わせる。
4　器に盛り、クミンパウダーとミントをふる。

59 トムヤムクン

タイ語でトムヤムは煮込む、クンはえびの意。
えびが主役のタイの代表的スープを
手軽に楽しむためのレシピです。

材料／2〜3人分
えび（無頭・殻つき）　8尾
プチトマト　4個
ふくろだけ（水煮缶）　½缶
香菜　適量
こぶみかんの葉（あれば）
　3〜4枚
レモングラスの茎　2本
しょうが　大1かけ
赤唐辛子　2〜3本
レモンの絞り汁　½個分
ナンプラー　小さじ2
チキンスープストック（p.5参照）
　3カップ
◎塩　砂糖

1　えびは背わたをとり、尾を残して殻をむく。プチトマトはヘタをとって半分に切る。ふくろだけも半分に切る。

2　こぶみかんの葉は3〜4等分にちぎり、レモングラスは斜め切りにし、しょうがは薄切りにする。香菜の根の部分、赤唐辛子とともにすり鉢に入れ、たたきながらつぶす。

3　鍋にチキンスープストックを入れて火にかけ、2を加えて10分ほど煮、レモン汁、ナンプラー、塩小さじ⅓、砂糖小さじ1で調味する。プチトマト、ふくろだけを入れ、えびを加えてひと煮する。

4　器に盛り、香菜の葉を添える。

タイ風春雨のスープ

60

香菜入りの肉団子、きのこ、干しえびを入れた
うまみたっぷりの春雨スープ。ほっとなごむ味です。

材料／2〜3人分
香菜入り肉団子
　豚ひき肉　130g
　香菜　1株
　にんにく　1かけ
　塩、こしょう　各少々
春雨　50g
干しえび　5g
しめじ　½パック
シーズニングソース*　小さじ1
チキンスープストック（p.5参照）
　3カップ
○しょうゆ　塩　こしょう

＊シーズニングソース……タイをはじめアジア全般で使われる調味料。大豆から作られ、しょうゆよりも甘くてコクがあり、たまりじょうゆのような感じ。

1　香菜入り肉団子を作る。香菜の根と葉、にんにくはみじん切りにし、ほかの材料と合わせて練り、小さな団子状に丸める。
2　春雨は熱湯で戻して4〜5cm長さに切る。干しえびは水で戻して粗く刻む。しめじは小房に分ける。
3　鍋にチキンスープストックを入れて火にかけ、**1**を加えて煮、干しえびとしめじを加えてさらに煮る。シーズニングソース、しょうゆ小さじ1、塩小さじ⅓、こしょう適量で味を調え、春雨を加えてひと煮する。

61 鶏とクレソンのスープ

鶏から出たおいしいスープを楽しむための
ベトナム風あっさりレシピ。火を通したクレソンも美味！

材料／2～3人分
鶏骨つきぶつ切り肉　350g
クレソン　2束
しょうが　1かけ
○塩

1　鶏肉は塩小さじ2をまぶして1時間以上おき、ペーパータオルで水けを拭く。クレソンは茎のかたい部分を切り落とし、半分の長さに切る。しょうがは皮つきのまま薄切りにする。
2　鍋に1と水4カップを入れて火にかけ、煮立ったらアクをとり、弱火で1時間ほど煮る。
3　器に盛り、揚げエシャロット（分量外。p.12参照）をのせ、あればレモン（分量外）を添える。

ベトナム風あさりのスープ

フレッシュなサニーレタスと香菜、
たっぷりの炒りごまが、あさりスープによく合います。
レモンやライムをキュッと絞っていただくのがおすすめ。

材料／2～3人分
あさり（殻つき）　200g
香菜　1株
サニーレタス　2～3枚
ナンプラー　少々
白炒りごま　大さじ5
すだちまたはレモン　適量
◎塩　こしょう

1　あさりは塩水につけて砂出しし、水2カップとともに鍋に入れる。ふたをして火にかけ、あさりの口が開いたら火を止めて漉し、汁とあさりに分ける。
2　1の汁を鍋に戻して水1カップを足し、再び火にかけ、ナンプラー、塩小さじ2/3～1、こしょう少々で味を調える。ごまを加える。
3　サニーレタスは太めのせん切りにし、香菜はざく切りにする。
4　器にあさりと3を入れ、2のスープを注ぐ。すだち、にんにくオイル（分量外。p.12参照）を添える。

スープが残ったら……
器にご飯を入れ、サニーレタスと香菜をのせる。あさりスープはあさりを殻からはずして温め直し、アツアツをご飯に注ぐ。

酸辣湯（サンラータン）

酢のほどよい酸味、こしょうの辛みが食欲を刺激する、中国の代表的スープのひとつ。
いろいろな素材のうまみが溶け合ったおいしさです。

材料／3〜4人分
- 豚バラ薄切り肉　2枚
- むきえび　60g
- 絹ごし豆腐　小1丁
- さやいんげん　5本
- きくらげ　4g
- 長ねぎ　6cm
- しょうが　1かけ
- 生しいたけ　3枚
- エリンギ　大1本
- 卵　2個
- ラー油　大さじ1½
- チキンスープストック（p.5参照）　4カップ
- ○サラダ油　塩　しょうゆ
- ごま油
- 水溶き片栗粉
  （片栗粉大さじ2＋水大さじ2）
- 酢　こしょう

作り方

1　豚肉は2cm幅に切り、豆腐は細切りにする。さやいんげんは3cm長さの斜め切りにし、きくらげは水で戻して2〜3等分に切る。長ねぎとしょうがはみじん切りにする。生しいたけは石づきをとって4等分に切り、エリンギは食べやすい長さに切って薄切りにする。

2　鍋にサラダ油大さじ1を熱して長ねぎ、しょうがを炒め、香りが出てきたら豚肉を加えてさらに炒める。

3　チキンスープストックを加えて煮立て、塩小さじ⅔、しょうゆ大さじ1½で調味する。豆腐、さやいんげん、きくらげ、むきえびを加えて3〜4分煮る。

4　生しいたけとエリンギはごま油大さじ1を熱したフライパンでざっと炒め、3に加える。水溶き片栗粉を加えてとろみをつける。

5　卵を割りほぐし、4に回し入れてふんわりと火を通す。仕上げに酢大さじ4と粗びき黒こしょう適量を加える。

6　器に盛り、ラー油、こしょう少々をふる。

きのこはごま油で炒めてコクを出し、スープに加える。

水溶き片栗粉でとろみをつけたら、溶き卵を加えてふんわりと火を通す。

仕上げに酢を加えて酸味をプラスする。黒酢を使ってもよい。

スープが残ったら……
中華生麺または乾麺をゆで、ゆで汁をきって器に入れ、アツアツの酸辣湯を注ぐ。酸辣湯麺のでき上がり。

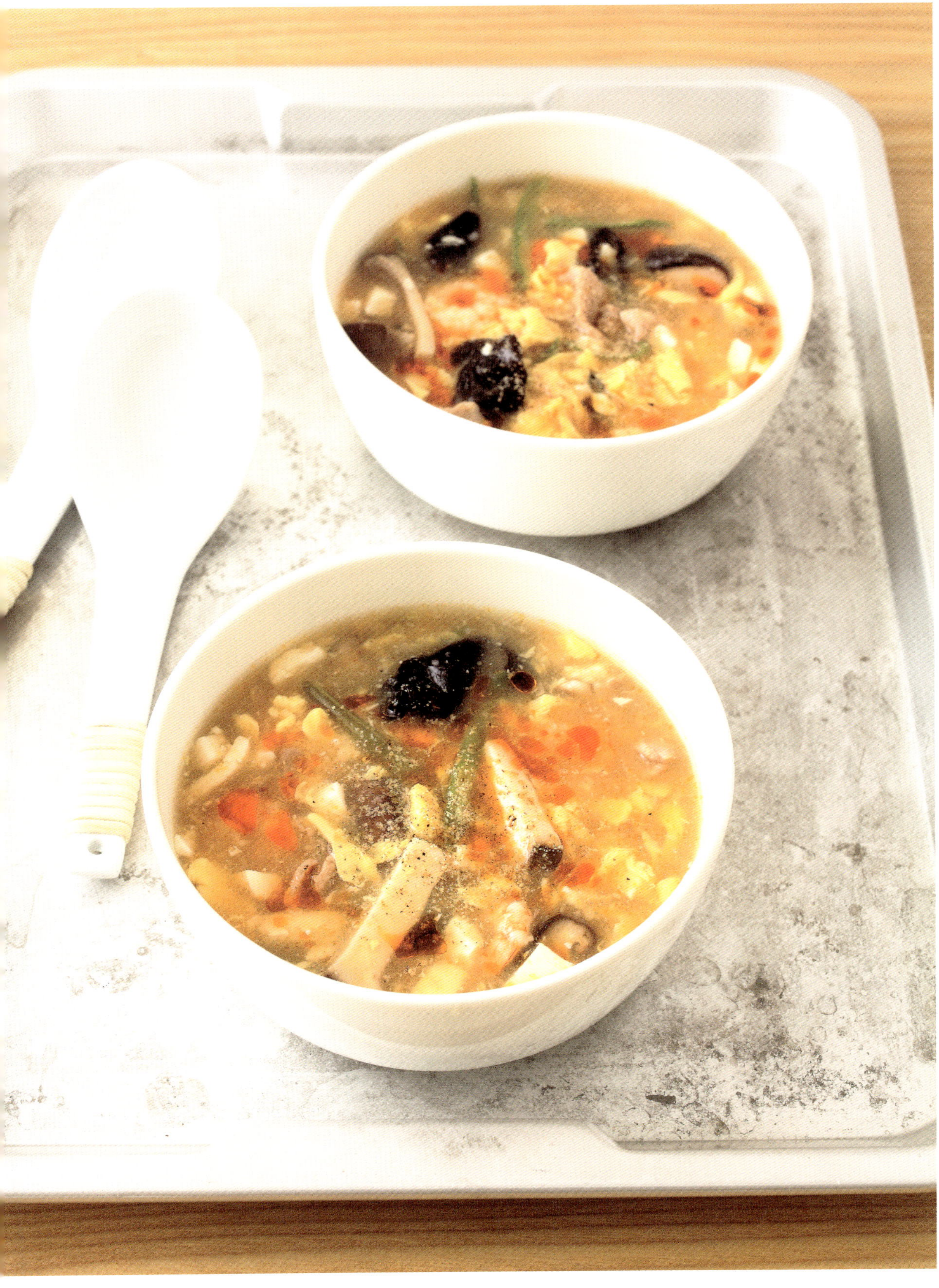

肉団子と白菜のスープ

大きめの揚げ団子がごろんと入った、人気のおかずスープです。
肉団子はよく練ってから丸めて揚げれば
思いのほかジューシーでやわらかく、
クタクタに煮えた白菜といっしょに頬張ると、極上のおいしさ！

材料／2～3人分
肉団子のタネ
- 豚ひき肉　350g
- 長ねぎ　1/3本
- しょうが　1かけ
- 塩　小さじ1/2
- しょうゆ　大さじ1
- 酒　大さじ2
- 片栗粉　大さじ2

白菜　3～4枚
にんにく　1かけ
◯揚げ油　酒　塩　しょうゆ　粗びき黒こしょう

1　肉団子のタネを作る。長ねぎはみじん切りにし、しょうがはすりおろす。ほかの材料とともにボウルに入れ、よく練り混ぜる。

2　白菜は芯と葉の部分に分け、芯はそぎ切りにして縦2～3cm幅の細切りにする。葉はざく切りにする。にんにくは薄切りにする。

3　揚げ油を170℃に熱し、にんにくを入れてきつね色に揚げ、とり出す。

4　肉団子のタネを4等分にして丸め、3の揚げ油に入れ、転がしながらじっくりと揚げる。とり出して油をきる。

5　鍋に白菜の芯と葉、にんにくを入れ、酒1/2カップ、水4カップを入れて火にかけ、ふたをして弱火で白菜がやわらかくなるまで20分ほど煮る。

6　肉団子を加えて再びふたをし、弱火でさらに5分ほど煮、塩小さじ2/3～1、しょうゆ大さじ1で味を調える。

7　器に盛り、粗びき黒こしょう適量をふる。

肉団子のタネは粘りが出るまでよく練り混ぜる。これが揚げてもかたくならないポイント。

転がしながら、おいしそうな色がつくまで揚げていく。大きい肉団子なので、じっくりと。

白菜がやわらかくなったら肉団子を加える。ふたをすると蒸し煮されるので、肉団子の上までスープがなくても大丈夫。

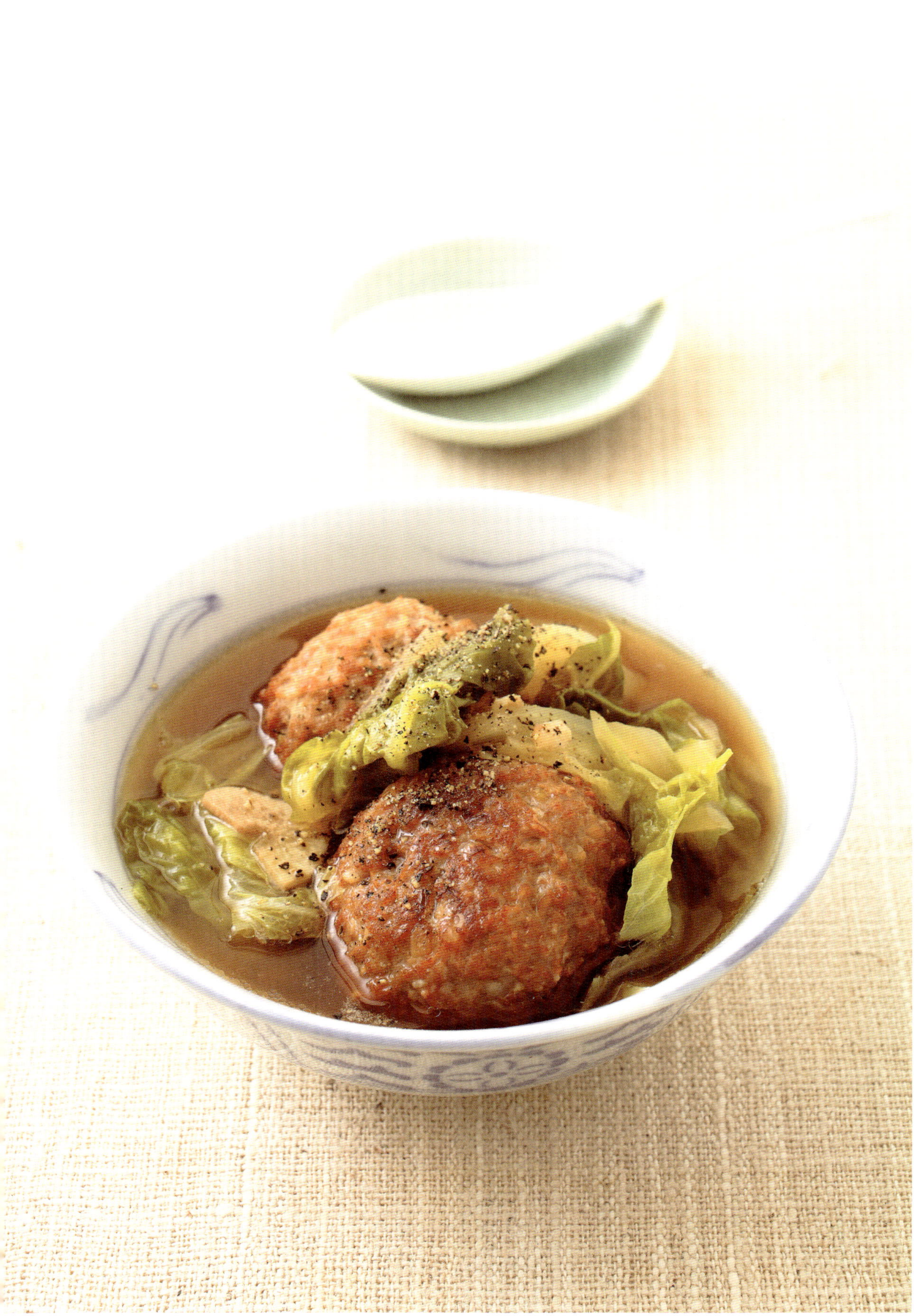

スペアリブと冬瓜のスープ

スペアリブ、干しえび、干ししいたけのうまみを吸った冬瓜が美味。
セロリの香りと八角の風味も加わって
滋味豊かなおいしいスープのでき上がり！

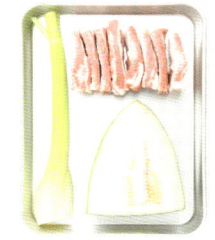

材料／3〜4人分
豚スペアリブ（ショートサイズ）
　400g
冬瓜　400g
干ししいたけ　3枚
干しえび　5g
セロリ　1本
八角　1個
ナンプラー　少々
◎塩

1　冬瓜は皮をむいて種とワタをとり、5〜6cm角に切り、下ゆでする。
2　干ししいたけ、干しえびは水で戻し、干ししいたけは4等分に切る。セロリは薄切りにする。
3　鍋に水6カップ、スペアリブ、2、八角を入れて火にかけ、アクをとり、ふたをして弱火で40〜50分煮る。
4　3に1の冬瓜を加え、さらに20分ほど煮る。塩小さじ1½、ナンプラーで味を調える。
5　器に盛り、あれば香菜（分量外）を添える。

66 鶏肉としいたけの蒸しスープ

大きめの鉢に材料を入れて、蒸し器でいっきに仕上げます。
蒸すことで出る素材のうまみが溶け込んだ味わいが魅力です。

材料／4人分
鶏骨つきぶつ切り肉
　（もも、胸、手羽など）　300g
白菜　3〜4枚
干ししいたけ　2枚
干し貝柱　2個
◎塩　酒

1　鶏肉は塩小さじ1をまぶして1時間ほどおき、出てきた水けを拭きとる。白菜は芯と葉の部分に分け、芯の部分は食べやすい大きさのそぎ切りにし、葉は大きめのざく切りにする。
2　干ししいたけ、干し貝柱はそれぞれ水1カップで戻し、干ししいたけは半分に切る。
3　大きめの鉢に白菜を敷き詰め、鶏肉をのせ、酒¼カップ、2を戻し汁ごと加える。器に余裕があれば水をひたひたになるまで足す。
4　3を蒸気の上がった蒸し器に入れ、1時間ほど蒸す。塩少々で味を調える。

67 えびワンタンスープ

プリップリのえびの食感が人気のワンタンが主役。
チキンスープストックのおいしさもストレートに味わえます。

材料／2～3人分
えびワンタンの具
　むきえび　200ｇ
　長ねぎ　5cm
　豚ひき肉　80ｇ
　しょうがの絞り汁　小さじ½
　酒　小さじ２
　塩、こしょう　各少々
ワンタンの皮　20枚
白髪ねぎ　5cm分
チキンスープストック（p.5参照）
　3カップ
○酒　塩　こしょう　しょうゆ

1　えびワンタンの具を作る。むきえびは包丁でたたく。長ねぎはみじん切りにする。ボウルに合わせ、ほかの材料を加えてよく混ぜ合わせる。
2　ワンタンの皮に 1 を大さじ1ずつのせ、皮の縁に水少々をつけ、ひだを寄せながら包む。
3　鍋にチキンスープストックを入れて火にかけ、酒小さじ1、塩小さじ⅔～1、こしょう少々、しょうゆ小さじ½で味を調える。
4　3 に 2 を加え、火が通って浮かんできたら火を止める。
5　器に盛り、白髪ねぎをのせる。

トマトと卵のスープ

時間がないときでもパパッと作れる簡単レシピ。
トマトは皮を湯むきして使うと、口当たりがよくなります。

材料／2〜3人分
トマト　1個
セロリ　1/3本
にんにく　小1かけ
卵　1個
ひき肉スープストック（p.6参照）
　2カップ
○サラダ油　塩
　水溶き片栗粉
　（片栗粉大さじ1＋水大さじ1）

1　トマトは皮を湯むきしてくし形に切る。セロリは薄切りにし、にんにくはみじん切りにする。卵は割りほぐす。
2　鍋にサラダ油大さじ1を熱してにんにく、セロリを炒め、ひき肉スープストックを加える。煮立ったらトマトを加え、トマトの形がくずれてきたら塩小さじ1/2で味を調える。
3　水溶き片栗粉を加えてとろみをつけ、溶き卵を回し入れてふんわりと火を通す。

スープが残ったら……
器にご飯を入れ、温め直したスープを注ぐ。チャーハンにかけてもよい。

69 中華風コーンスープ

ミキサーでコーンを粗くつぶし、とろりと仕上げるのがポイント。
長ねぎとしょうがの香りで味が締まります。

材料／2～3人分
コーン缶または冷凍コーン
　200g
長ねぎ　5cm
しょうが　1かけ
卵　1個
ひき肉スープストック（p.6参照）
　2½カップ
◎サラダ油　塩　砂糖
　水溶き片栗粉
　（片栗粉小さじ2＋水小さじ2）

1　長ねぎは小口切りにする。しょうがはみじん切りにする。卵は割りほぐす。
2　鍋にサラダ油少々を熱して長ねぎとしょうがを炒め、香りが出たらコーンを加えてさらに炒め、ひき肉スープストック、塩ひとつまみを加えて2～3分煮る。
3　**2**をミキサーに移し、粗めに撹拌し、鍋に戻す。塩小さじ⅔、砂糖ひとつまみで味を調える。
4　水溶き片栗粉でとろみをつけ、溶き卵を流し入れ、フワッとなったら全体を大きく混ぜて火を止める。

70 かにと卵白のスープ

かにのうまみを水溶き片栗粉でとじた、ちょっぴり贅沢なスープです。フワッとした卵白の食感とやさしい口当たりが人気。

材料／2〜3人分
かに缶　小1缶
長ねぎ　⅔本
しょうが　1かけ
卵白　2個分
チキンスープストック（p.5参照）
　2カップ
◎ サラダ油　酒　塩
　水溶き片栗粉
　（片栗粉小さじ2＋水小さじ2）

1　かに缶は身と缶汁に分ける。長ねぎ、しょうがはみじん切りにする。
2　鍋にサラダ油小さじ1を熱して長ねぎ、しょうがを炒め、かにの身を加えてさっと炒める。
3　酒大さじ2、缶汁、チキンスープストックを加え、煮立ったら塩小さじ½で味を調える。
4　水溶き片栗粉を回し入れてとろみをつけ、卵白を泡立てないようによく溶いて少しずつ加える。フワッと白くかたまって浮いてきたら、全体を大きく混ぜて火を止める。

71 大根と貝柱のミルクスープ

うまみのある貝柱とチキンスープストック、
牛乳で仕上げた、ホクホクの大根が主役のスープ。

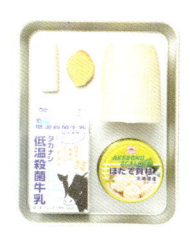

材料／2〜3人分
大根　1/3本
帆立て貝柱缶　小1缶
しょうが　1かけ
長ねぎ　5cm
牛乳　1カップ
チキンスープストック（p.5参照）
　2カップ
◎ごま油　塩　こしょう
　水溶き片栗粉
　（片栗粉小さじ2＋水小さじ2）

1　大根は皮をむいてひと口大の乱切りにする。しょうが、長ねぎはみじん切りにする。
2　鍋にごま油小さじ1を熱してしょうがと長ねぎを炒め、大根を加えてさらに炒める。チキンスープストックを加え、大根がやわらかくなるまで煮る。
3　帆立て貝柱を缶汁ごと加え、牛乳を注ぎ入れ、ひと煮立ちしたら塩小さじ2/3、こしょう少々で味を調える。水溶き片栗粉を回し入れてゆるいとろみをつける。

72 青梗菜（チンゲンサイ）と ザーサイのスープ

ザーサイを味出しに加えたクイックスープ。
小松菜、ほうれん草、空芯菜、
レタスなどを使っても。

材料／2～3人分
青梗菜　1株
しょうが　小1かけ
ザーサイ（かたまり）　30g
ひき肉スープストック（p.6参照）
　2カップ
○サラダ油　塩　こしょう
　しょうゆ

1　青梗菜は茎の底の部分に切り目を入れて8等分にさき、長さを3等分にする。しょうがはみじん切りにし、ザーサイは塩抜きして薄切りにし、さらに細く切る。
2　鍋にサラダ油小さじ1を熱してしょうがを炒め、ザーサイ、ひき肉スープストックを加える。煮立ったら塩小さじ½、こしょう少々、しょうゆ少々で味を調える。
3　青梗菜を加えてさっと煮る。

73 豆腐と岩のりのスープ

磯の香りたっぷりの、シンプル塩味スープ。
豆腐の代わりに厚揚げを使っても。

材料／2～3人分
木綿豆腐　1丁
岩のり　4g
にんにく　1かけ
しょうが　小1かけ
チキンスープストック（p.5参照）
　3カップ
○ごま油　塩　こしょう
　しょうゆ

1　豆腐は大きめのひと口大に切る。にんにくとしょうがはみじん切りにする。
2　鍋にごま油小さじ2を熱してにんにくとしょうがを炒め、豆腐を加え、少しくずしながらざっと炒める。
3　チキンスープストックを注いで温め、岩のりを加え、塩小さじ⅔、こしょう少々、しょうゆ小さじ½で味を調える。

参鶏湯(サムゲタン)

74

骨つきぶつ切り肉で作るお手軽バージョン。
肉と野菜をじっくりと煮て、滋味豊かに仕上げます。
もち米入りだから、これだけで大満足!

材料/4〜5人分
鶏骨つきぶつ切り肉　400g
玉ねぎ　1/2個
長ねぎ　1/2本
しょうが　1かけ
にんにく　2かけ
さつま芋　1/2本
もち米　1/4カップ
ぎんなん(ゆでたもの)　10g
松の実　大さじ2
なつめ　5個
クコの実　大さじ2
○塩　粗びき黒こしょう

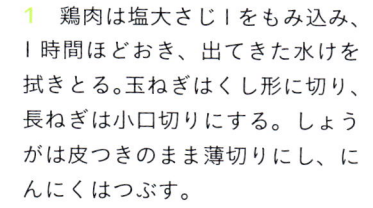

1 鶏肉は塩大さじ1をもみ込み、1時間ほどおき、出てきた水けを拭きとる。玉ねぎはくし形に切り、長ねぎは小口切りにする。しょうがは皮つきのまま薄切りにし、にんにくはつぶす。

2 さつま芋は皮つきのまま2cm角に切る。もち米はさっと洗ってザルに上げる。

3 鍋に水2ℓを入れ、鶏肉と**1**の野菜を入れて火にかける。煮立ったら弱火にし、ふたをして40分ほど煮る。途中、脂やアクはとり除く。

4 さつま芋、ぎんなん、松の実、なつめ、クコの実、もち米を加え、さらに1時間ほど煮る。

5 器に盛り、塩と粗びき黒こしょうを混ぜたものを添える。

鶏肉は塩をもみ込んで1時間ほどおき、水けを拭きとる。これでうまみがギュッと凝縮。

鶏肉と香味野菜を水から煮、アクや脂をとり除いてすっきりとしたスープにする。

さつま芋、ぎんなん、松の実、なつめ、クコの実、もち米を加え、コトコトと煮る。

鶏肉が十分やわらかくなって、さつま芋やもち米もとろっとした感じになったらでき上がり。

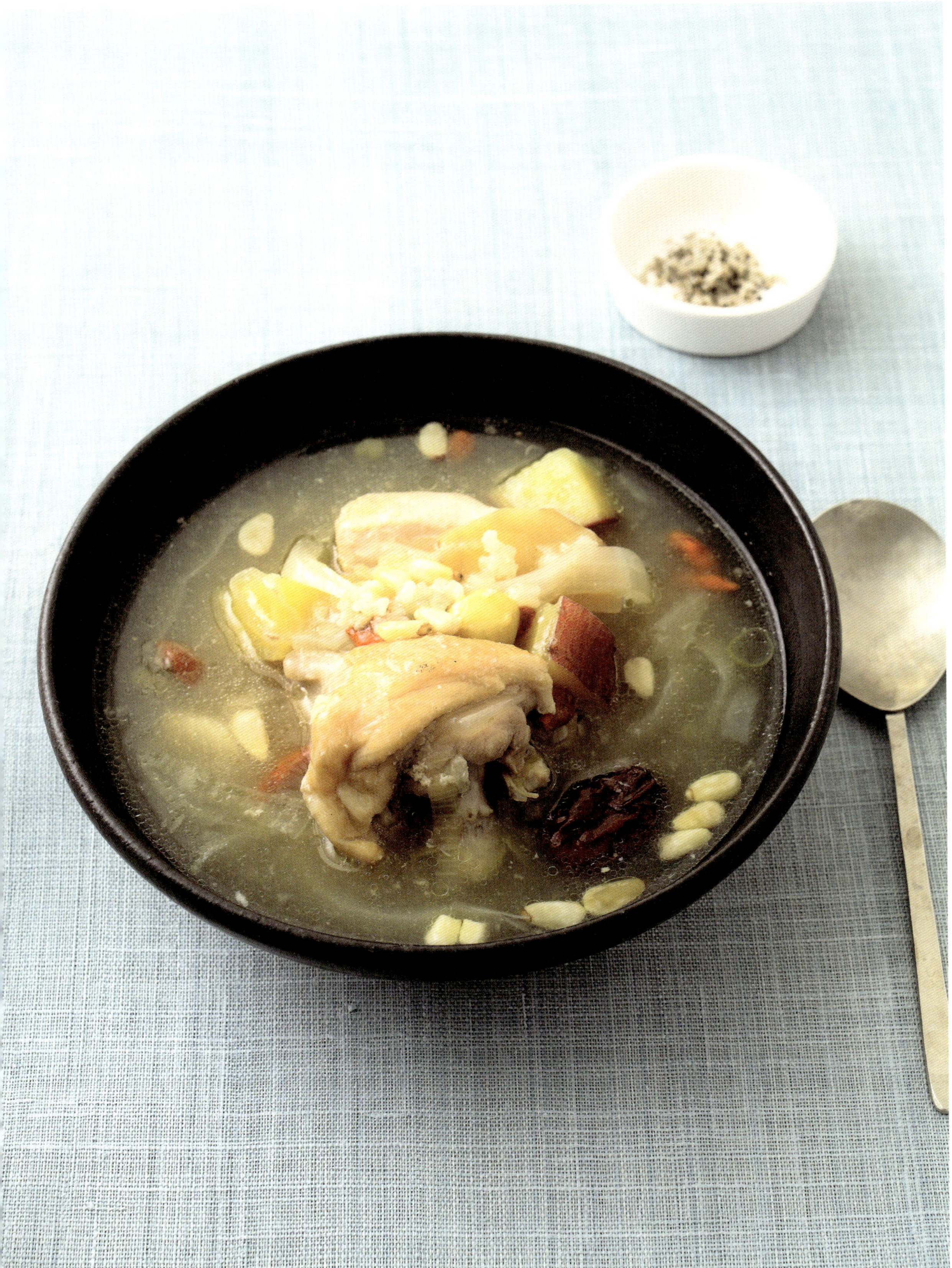

75 ユッケジャン

ユッケジャンとは牛肉で作った辛いスープのこと。
牛肉をコトコトとゆでてうまみとコクを引き出し、
そのスープをベースに野菜たっぷりに仕上げます。

材料／3〜4人分

牛すね肉（かたまり）　300g
長ねぎ　1本
ぜんまい水煮　100g
豆もやし　1/2袋
ニラ　1/2束
にんにく　1かけ
粉唐辛子　大さじ2
◎ごま油　しょうゆ　みそ　塩　こしょう

1　牛すね肉は水7カップとともに鍋に入れ、長ねぎの青い部分を加え、火にかける。煮立ったら弱火にし、ふたをし、牛肉がやわらかくなるまで1時間30分ほどゆでる。

2　牛肉はとり出し、粗くさいてボウルに入れる。にんにくをすりおろし、粉唐辛子、ごま油大さじ2、しょうゆ大さじ2を混ぜ合わせ、牛肉をあえて味をからめる。

3　長ねぎは斜め薄切りにし、ぜんまいは5cm長さに切る。豆もやしはさっとゆでて水けをきる。ニラは3cm長さに切る。

4　1のスープから長ねぎの青い部分を除き、再び火にかける。煮立ったら長ねぎ、ぜんまい、豆もやしを入れて煮、ニラを入れてさっと煮る。

5　2の牛肉を戻し入れて全体を混ぜ、みそ大さじ1、塩、こしょう各少々で味を調える。

牛すね肉は水からゆでる。竹串を刺してみてスーッと通るようになったらOK。

にんにくのすりおろし、粉唐辛子、ごま油、しょうゆを混ぜ合わせ、牛肉をあえる。味をつけておくと食べたときに味けなくならない。

豆もやしはさっとゆでておき、鍋に加える。ゆでておくことで水っぽさがなくなる。

スープが残ったら……
器にご飯を盛り、ユッケジャンを注いでクッパに。白菜キムチや白ごまを足しても。

スンドゥブチゲ

スントゥブとはおぼろ豆腐のこと。おぼろ豆腐を使ったチゲです。
豚肉、あさり、卵……うまみたっぷりで、栄養満点です。
辛いのが好きな人は粉唐辛子の量を増やしたり
キムチを入れてもOK。

材料／2人分
おぼろ豆腐　2丁
豚バラ薄切り肉　100g
あさり（殻つき）　200g
長ねぎ　10cm
にんにく　1かけ
粉唐辛子　大さじ2
卵　2個
◯ しょうゆ　ごま油　塩

1　おぼろ豆腐は水けを軽くきる。豚肉は2～3cm幅に切る。あさりは塩水につけて砂出しする。長ねぎは半量は小口切りにし、半量はみじん切りにする。

2　にんにくはすりおろし、1の長ねぎのみじん切り、粉唐辛子、しょうゆ大さじ2、ごま油大さじ1と混ぜる。

3　鍋にごま油大さじ1を熱して豚肉を炒め、2を加えて炒め合わせ、あさりを加えてざっと炒める。

4　3に水3カップを注ぎ入れ、煮立ったらアクをとり除く。あさりの口が開いたらおぼろ豆腐を大きめのスプーンですくって入れ、塩小さじ½で味を調える。卵を割り落として火を通す。

5　器に盛り、長ねぎの小口切りをのせる。

おろしにんにく、長ねぎのみじん切り、しょうゆ、粉唐辛子、ごま油を混ぜたピリ辛だれを豚肉と炒め合わせる。これがスープのベースになる。

あさりを加えてなじませたら、水を注ぎ入れて煮る。豚肉とあさりにうまみがあるので、スープストックは不要。

おぼろ豆腐をスプーンですくって入れていく。おぼろ豆腐がない場合は絹ごし豆腐を使う。

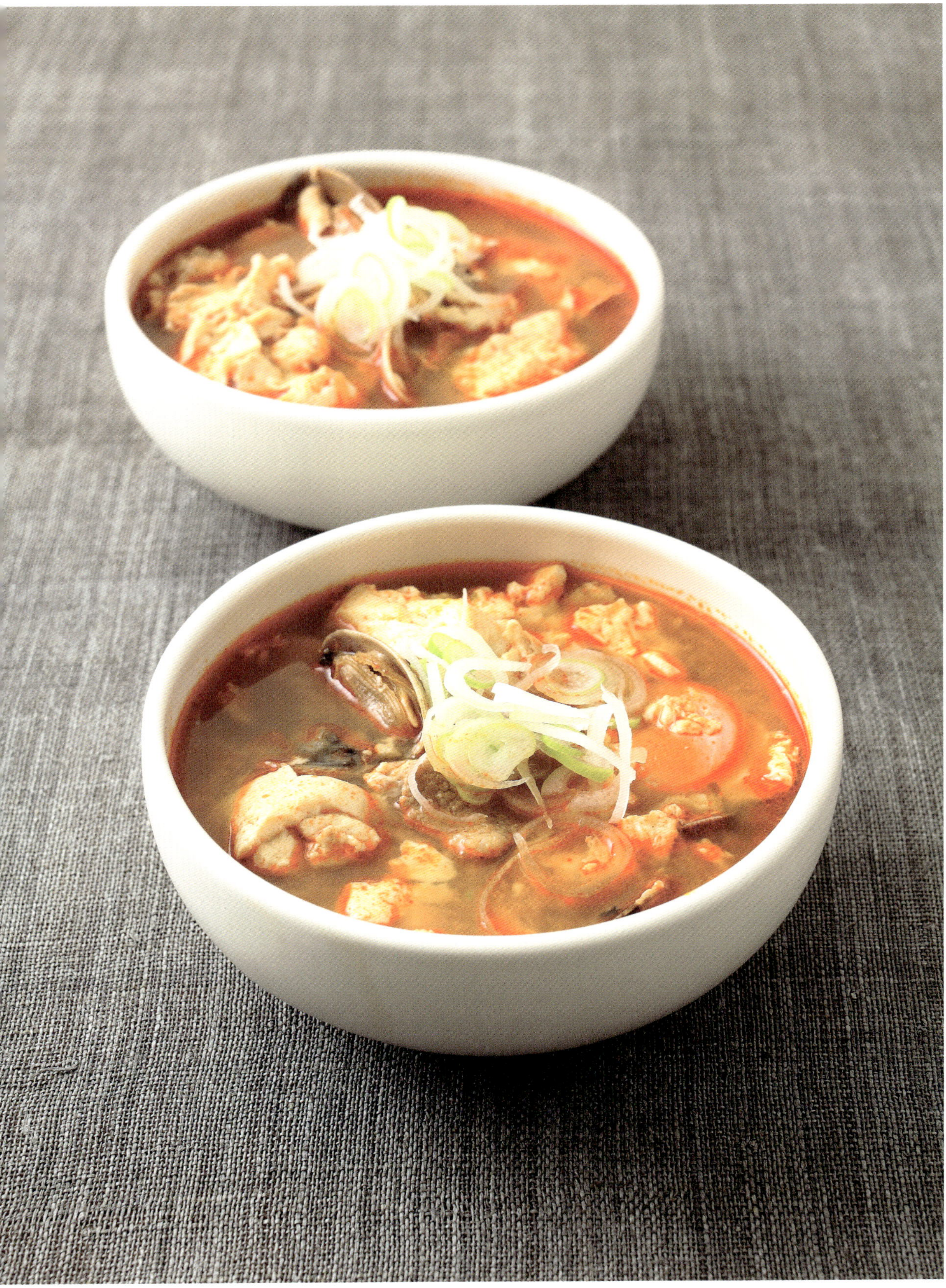

77 韓国風豆乳スープ

豆腐と豆乳、ビーフスープストックで作る、あっさりしているのにコクがある塩味のスープです。

材料／2～3人分
- 長ねぎ ½本
- 生しいたけ 3枚
- にんにく 1かけ
- 豆乳 1½カップ
- 絹ごし豆腐 小1丁
- ビーフスープストック（p.7参照） 1カップ
- ○ごま油 塩 こしょう

1 長ねぎは斜め薄切りにし、生しいたけは石づきをとって薄切りにする。にんにくは薄切りにする。
2 鍋にごま油大さじ1を熱してにんにくを炒め、香りが出たらビーフスープストックを注ぎ、長ねぎ、生しいたけを加えて2～3分煮る。
3 豆乳を注ぎ入れ、豆腐をくずしながら加えてひと煮し、塩小さじ⅔、こしょう少々で味を調える。

78 豆もやしのスープ

焼き肉やピリ辛料理にぴったりのシンプルスープ。ごま油の香りが鼻をくすぐります。

材料／2～3人分
- 豆もやし 1袋
- にんにく 1かけ
- 長ねぎ ½本
- ○塩 しょうゆ ごま油

1 にんにくはみじん切りにする。長ねぎは斜め薄切りにする。
2 鍋に豆もやし、水4カップを入れて火にかけ、豆の部分がやわらかくなるまで10分ほど煮る。
3 1を加えてさらに3～4分煮、塩小さじ⅔～1、しょうゆ少々で味を調える。仕上げにごま油小さじ2を回しかける。

79 わかめスープ

定番のわかめスープは
ビーフスープストックで作ると美味。
香ばしい炒りごまをたっぷりと入れます。

材料／2〜3人分
- わかめ（塩蔵） 30g
- にんにく 1かけ
- 白炒りごま 大さじ1
- ビーフスープストック（p.7参照） 2カップ
- ○ごま油 塩 こしょう しょうゆ

1 わかめは水で戻してざく切りにする。にんにくはみじん切りにする。
2 鍋にごま油大さじ1を熱してにんにくをさっと炒める。ビーフスープストックを注ぎ入れ、わかめを加えてひと煮する。
3 塩小さじ½、こしょう少々、しょうゆ少々で味を調え、白炒りごまを加える。

80 冷製わかめときゅうりのスープ

暑い日にぴったりの、
酸味のあるひんやりスープ。
キムチをトッピングしてパンチを出します。

材料／2〜3人分
- きゅうり 1本
- わかめ（塩蔵） 20g
- にんにく ½かけ
- 粉唐辛子 小さじ½
- 白菜キムチ 60g
- 白炒りごま 適量
- ビーフスープストック（p.7参照） 2カップ
- ○塩 しょうゆ ごま油 砂糖 酢

1 ビーフスープストックは冷やしておく。
2 きゅうりは縦半分に切って斜め薄切りにする。わかめは水で戻してざく切りにし、にんにくはすりおろす。ボウルに入れ、粉唐辛子、塩少々、しょうゆ小さじ2、ごま油小さじ2、砂糖小さじ½を加えてあえる。
3 2にビーフスープストックを漉しながら加え、酢小さじ1を混ぜる。器に盛り、キムチをのせて白炒りごまをふる。

豚汁

81

玉ねぎ、大根、にんじん、ごぼう、じゃが芋……、
いろいろな野菜を豚肉のうまみでまとめた、人気の定番。

材料／3〜4人分

豚バラ薄切り肉　100g
玉ねぎ　½個
大根　5cm
にんじん　½本
ごぼう　½本
じゃが芋（男爵）　2個
こんにゃく　小1枚
長ねぎ　⅓本
しょうが　1かけ
だし汁（p.9参照）　4カップ
○ごま油　みそ

1 豚肉は3cm幅に切る。玉ねぎはくし形に切り、大根はいちょう切り、にんじんは半月切りにする。ごぼうは皮をこそげてささがきにして水にさらす。じゃが芋は2〜3cm角に切る。こんにゃくは熱湯をかけてアク抜きをし、ひと口大にちぎる。長ねぎは小口切りにする。

2 鍋にごま油大さじ2を熱して豚肉を炒め、長ねぎ以外の**1**の野菜とこんにゃくを加え、油が全体に回るように炒める。ふたをして弱火にし、15分ほど蒸し煮する。

3 **2**にだし汁を加え、野菜がやわらかくなるまで煮、みそ大さじ3½を溶き入れる。

4 器に盛り、長ねぎをのせ、しょうがをすりおろして添える。

いわしのつみれ汁

やわらかくってホクホクのつみれに舌鼓!
青背の魚とみそは好相性。
あじを使っても同様に作れます。

材料／3〜4人分
いわし　小8尾
長ねぎ　1/3本
しょうがの絞り汁　1かけ分
大根　1/3本
ごぼう　1/2本
せり　1/2束
だし汁（p.9参照）　5カップ
○みそ

1　いわしは頭を落として腹に切り目を入れて内臓をとり除き、塩水でさっと洗って水けを拭く。身を開いて中骨をとり、皮をひいて包丁で粘りが出るまでたたく。長ねぎはみじん切りにする。

2　ボウルに **1** のいわし、長ねぎ、しょうがの絞り汁を入れ、手で練り混ぜる。

3　大根は拍子木切りにし、ごぼうは皮をこそげてささがきにして水にさらす。せりは4〜5cm長さに切る。

4　鍋にだし汁、大根、ごぼうを入れて火にかけ、野菜がやわらかくなるまで煮、みそ大さじ3 1/2を溶き入れる。**2** のつみれをスプーンで丸く整えながら落とし、火が通ったらせりを加えてひと煮する。

つみれはスプーン2本を使って丸く形作り、みそ汁の中に入れていく。

83 焼きなすの みそ汁

なすは真っ黒になるまで
皮を焼くのがポイント。
みそは、好みで赤みそや白みそを使っても。

材料／2人分
なす　1本
みょうが　1個
白すりごま　適量
だし汁（p.9参照）　2カップ
○みそ

1　なすはグリルなどで皮が黒くなるまでしっかりと焼き、皮をむいて手でさく。みょうがは小口切りにする。
2　鍋にだし汁を入れて火にかけ、煮立ったらみそ大さじ1½を溶き入れる。
3　器に焼きなすを入れて2を注ぎ、みょうがをのせて白すりごまをふる。

84 豆腐となめこの 赤だし

色は濃いけれど、
すっきりとした味わいの赤だしのみそ汁。
絹ごし豆腐との相性が抜群です。

材料／2人分
絹ごし豆腐　小1丁
なめこ　1パック
だし汁（p.9参照）　2カップ
○赤だしみそ

1　豆腐は1cm角に切る。なめこはザルに入れ、熱湯をかけて軽くぬめりをとる。
2　鍋にだし汁を入れて火にかけ、なめこ、豆腐を加え、煮立ったらみそ大さじ1½を溶き入れる。

鮭の粕汁

鮭と根菜をとり合わせた、具だくさん汁。
酒粕とみそで仕上げたこっくりとした味わいが魅力です。

材料／3〜4人分
甘塩鮭　2切れ
大根　5cm
にんじん　½本
ごぼう　⅓本
油揚げ　1枚
酒粕　80g
だし汁（p.9参照）　5カップ
◯みそ　しょうゆ

1　鮭は3〜4等分に切る。大根とにんじんは拍子木切りにし、ごぼうは皮をこそげてささがきにし、水にさらす。油揚げは熱湯をかけて油抜きをし、短冊切りにする。
2　鍋にだし汁½カップ、にんじん、大根、ごぼうを入れて火にかけ、ふたをして弱火で野菜がやわらかくなるまで蒸し煮する。
3　2に残りのだし汁、鮭を加え、アクをとりながらさらに10分ほど煮る。
4　3の煮汁1カップで酒粕をやわらかく溶き、3の鍋に戻し、油揚げを加える。みそ大さじ1½、しょうゆ少々で味を調える。

粕汁が残ったら……
切り餅をオーブントースターなどで焼き、器に入れ、温め直した粕汁を注ぐ。酒粕仕立ての雑煮に。

86 けんちん汁

豆腐と根菜で作る、しょうゆ味の汁もの。
元来は精進料理なので、
肉などの動物性たんぱく質を入れずに作ります。

材料／3～4人分

大根　10cm
にんじん　1本
ごぼう　1/2本
里芋　2個
油揚げ　1枚
木綿豆腐　小1丁
万能ねぎ　適量
だし汁（p.9参照）　4カップ
Ⓒ　塩　ごま油　酒　みりん
　　しょうゆ

1　大根はいちょう切りにし、にんじんは半月切りにする。ごぼうは皮をこそげてささがきにし、水にさらす。里芋はひと口大に切って塩少々で軽くもんでぬめりをとり、さっと洗って水けをきる。
2　豆腐は水けをきり、油揚げは熱湯をかけて油抜きをし、短冊切りにする。
3　鍋にごま油大さじ1を熱して1を入れて炒め、全体に油が回ったらふたをして弱火にし、10～15分蒸し煮する。
4　3にだし汁を加え、野菜がやわらかくなるまで煮、油揚げを加える。豆腐をくずしながら入れ、酒大さじ1 1/2、みりん小さじ2、しょうゆ大さじ1 1/2で調味し、さらに5分ほど煮る。
5　器に盛り、万能ねぎの小口切りをふる。

87 かき玉汁

だしの香りをふんわり卵とともに楽しむ1品。
三つ葉や木の芽を吸い口として加えても。

材料／2〜3人分
卵　2個
だし汁（p.9参照）　3カップ
○ 塩　薄口しょうゆ

1　卵は割りほぐす。
2　鍋にだし汁を入れて火にかけ、煮立ったら塩小さじ2/3〜1、薄口しょうゆ少々で味を調える。
3　1を細く回し入れ、フワッと浮き上がってきたら静かに混ぜ、火を止める。

88 枝豆のすり流し汁

枝豆をだし汁で煮てミキサーにかけ、
水溶き片栗粉でゆるいとろみをつけます。
若草色の美しい汁ものです。

材料／2〜3人分
枝豆（さやつき）　250g
だし汁（p.9参照）　2カップ
○ 塩　薄口しょうゆ
　水溶き片栗粉
　（片栗粉小さじ1＋水小さじ1）

1　枝豆はゆでてさやから出す（正味100g）。
2　鍋にだし汁を入れて火にかけ、煮立ったら1を加えて3〜4分煮る。塩少々を加え、ミキサーに移して撹拌し、なめらかにする。
3　2を鍋に戻して温め、塩小さじ1/2、薄口しょうゆ小さじ1/2で味を調える。水溶き片栗粉でゆるいとろみをつける。

89 冷や汁

暑い日におすすめの、宮崎の郷土料理。
シャキシャキのきゅうりとみょうがの香りがアクセント。
白飯や麦飯にかけていただきます。

材料／2〜3人分
あじの干物　2尾
きゅうり　1本
みょうが　2個
万能ねぎ　適量
白炒りごま　大さじ2
ご飯　適量
だし汁（p.9参照）　2〜3カップ
○みそ

1　だし汁は冷やしておく。きゅうり、みょうが、万能ねぎは小口切りにする。白炒りごまは軽く炒って香りを出す。
2　あじの干物は焼き網などで焼いて骨を除いてほぐす。包丁でたたき、みそ大さじ2を混ぜてさらにたたく。
3　すり鉢に1のごまを入れて粗めにすり、2を加えて混ぜる。冷やしておいただし汁を少しずつ加えてのばし、きゅうり、みょうがを加える。
4　器にご飯を入れ、3を注ぎ入れ、万能ねぎをふる。

90 うずみ豆腐

江戸時代の書物『豆腐百珍』にも載っている豆腐料理をちょっぴりアレンジ。
豆腐とご飯、白みその組み合わせはやさしい味わい。
練り辛子を添えていただきます。

材料／3～4人分
絹ごし豆腐　1丁
ご飯　適量
三つ葉　少々
だし汁（p.9参照）　適量
○白みそ　練り辛子

1　豆腐は3～4等分に切る。鍋にだし汁適量を入れて火にかけ、豆腐を入れて中まで温める。
2　別鍋にだし汁3カップを入れて火にかけ、煮立ったらみそ大さじ6を溶き入れて火を止める。
3　器に1の豆腐を盛り、ご飯をのせ、2を張る。結び三つ葉と練り辛子少々を添える。

鶏肉のポトフー

ポトフーはフランス語で pot-au-feu と書き、pot（ポ）は鍋、feu（フー）は火、つまり、火にかかった鍋という意味。その名の通り、鍋で煮込むことによって野菜のうまみがスープにじんわりと溶け出し、滋味深い味に仕上がります。

材料／3〜4人分
鶏もも骨つき肉　2本
ベーコン（ブロック）　100g
玉ねぎ　1個
クローブ　3〜4粒
じゃが芋（メークイン）　2個
かぶ　4個
にんじん　1本
ポワロー（ポロねぎ）　1本
セロリ　1本
ブーケガルニ＊　1個
チキンスープストック（p.5参照）　10カップ
◎塩　こしょう

＊ブーケガルニ……パセリの軸、ローリエ、タイムなど数種類のハーブを束ねたもの。市販品もある。

1　鶏肉は関節の部分で2つに切り、塩大さじ1をまぶして冷蔵庫でひと晩おく。

2　ベーコンは4cm長さに切る。玉ねぎは4等分のくし形に切り、クローブを刺す。じゃが芋とかぶは半分に切り、にんじんは3〜4等分に切る。ポワローとセロリは長さを3〜4等分に切る。

3　鍋にチキンスープストックと鶏肉、ブーケガルニを入れて火にかけ、煮立ったらアクをとり、弱火でふたをして40分ほど煮る。

4　2を加え、野菜がやわらかくなるまでさらに20〜30分煮る。塩、こしょう各適量で味を調える。

5　器に盛り、好みでフレンチマスタード（分量外）を添える。

鶏肉は関節の部分で半分に切る。骨つきのぶつ切り肉を買ってもよい。

玉ねぎにはクローブを刺す。クローブ独特の甘い香りがプラスされる。

鶏肉をチキンスープストックに入れて火にかけ、アクをとる。ていねいにとっておくとすっきりとした味に仕上がる。

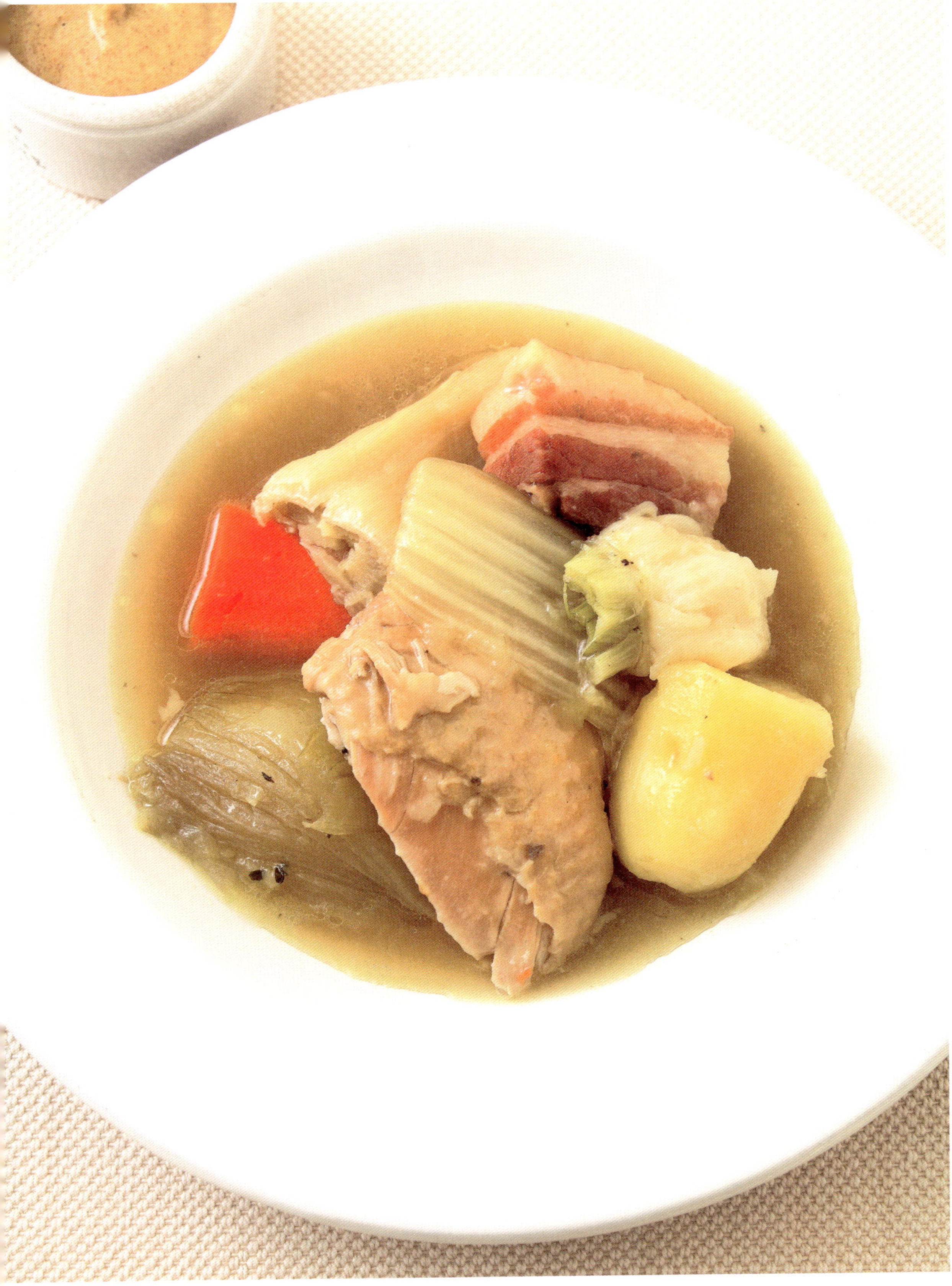

92 煮込み

塩漬け豚とキャベツの煮込み

自家製の塩漬け豚、ソーセージ、キャベツのせん切りを
コトコトと煮ます。スパイスの香りと
ワインビネガーの酸味が加わり、クセになるおいしさです。

材料／2〜3人分

豚バラ肉（かたまり）　400g
ソーセージ（ロングタイプ）
　2〜3本
キャベツ　½個
玉ねぎ　½個
白ワイン　½カップ
フェンネルシード　小さじ2
マスタードシード　大さじ1
ワインビネガー（白）　大さじ2
チキンスープストック（p.5参照）
　5カップ
◎オリーブオイル　塩
　こしょう

1　豚肉は塩大さじ1をすりこみ、冷蔵庫でひと晩おく。出てきた水分は拭きとり、2〜3つに切る。
2　キャベツは細切りにする。玉ねぎは薄切りにする。
3　鍋にオリーブオイル大さじ2を熱し、1の豚肉を入れて表面全体を焼きつけ、いったんとり出す。
4　3の鍋に玉ねぎを入れて炒め、しんなりしたら白ワインを加えて煮詰める。チキンスープストックを加え、煮立ったら3の豚肉を戻し入れ、キャベツ、フェンネルシード、マスタードシードをのせ、ふたをして弱火で40分〜1時間煮込む。
5　ワインビネガーを加え、塩、こしょう各適量で味を調え、ソーセージを加えて温める。
6　器に盛り、好みでフレンチマスタード（分量外）を添える。

豚肉は塩を手ですり込み、ひと晩おいて塩漬けにする。塩はできれば自然塩を使う。

チキンスープストックが煮立ったら、表面を焼きつけた豚肉を戻し入れる。焼くことで肉のうまみが逃げない。

ソーセージを加える前にワインビネガーを加えて酸味をプラスする。シュークルート（ザワークラウト）のような感じ。

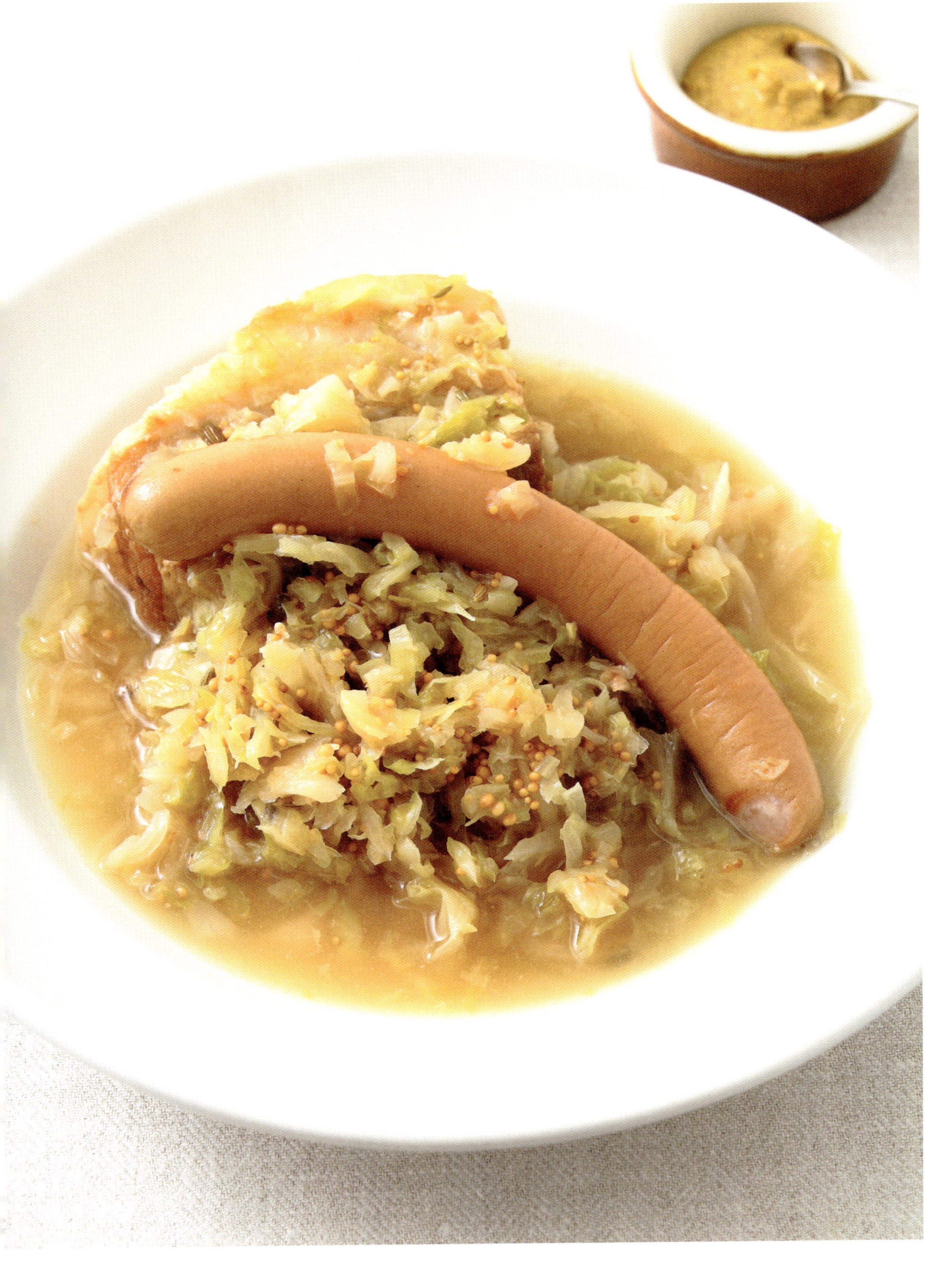

ミートボールのトマト煮込み

大ぶりなミートボールを揚げ焼きしてうまみを閉じ込め、
トマトソースでじっくり煮込んだ1品。
シェリー酒で香りをつけるのがポイント。
パン、パスタ、そしてご飯にもよく合います。

93
煮込み

材料／3～4人分
合いびき肉　400g
玉ねぎ　1個
にんにく　1～2かけ
卵　1個
パン粉　大さじ3
シェリー酒　大さじ3
ホールトマト缶　1/2缶
パプリカパウダー　小さじ1
◎オリーブオイル　塩　こしょう
　揚げ油　バター

1　玉ねぎとにんにくはみじん切りにし、玉ねぎの半量はオリーブオイル大さじ1で炒め、バットにとって粗熱をとる。

2　ボウルに合いびき肉、卵、塩小さじ1/2、こしょう少々、パン粉、1の炒めた玉ねぎを入れ、よく練り混ぜる。12等分にして丸める。

3　フライパンに揚げ油を少なめに入れて170℃に熱し、2を入れてこんがりと揚げ焼きする。

4　鍋にオリーブオイル大さじ3を熱し、1のにんにくと生の玉ねぎをしっとりするまで炒め、シェリー酒を加えてアルコール分が飛ぶまで煮詰める。

5　パプリカパウダーを加えてなじませ、ホールトマトを入れてつぶし、水1カップを注ぐ。3のミートボールを加えて30分ほど弱火で煮、塩小さじ1/2で味を調え、バター大さじ2を加えて混ぜる。

ミートボールの生地は12等分にして丸める。好みで8～9等分にしてもよい。

少なめの揚げ油で、ときどき転がしながら揚げ焼きする。このあと煮込むので中まで火が通っていなくてもよい。

パプリカパウダーをなじませたら、ホールトマトを加えてつぶし、水を注ぐ。ここにミートボールを入れて煮る。

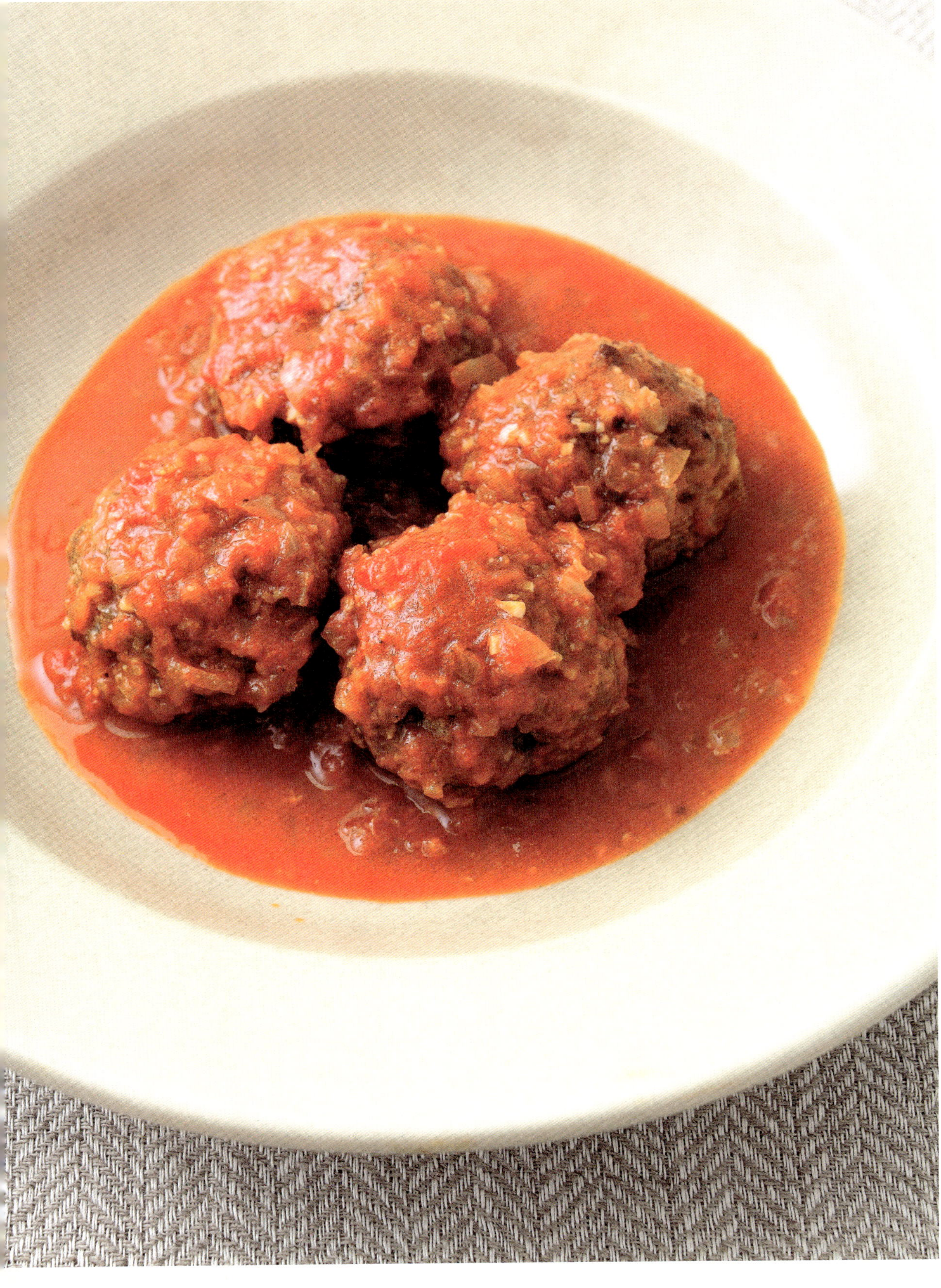

94 煮込み

鶏肉ときのこのクリーム煮込み

鶏肉、きのこ、クリームソースの組み合わせが絶妙。
きのこは1種類ではなく2～3種類使うと味に深みが出ます。
ベーコンはブロックのものを刻んで使うと、
うまみがグンとアップ。

材料／3～4人分
鶏もも肉　2枚
ベーコン（ブロック）　50g
マッシュルーム　6個
生しいたけ　3枚
玉ねぎ　1/2個
白ワイン　1/2カップ
生クリーム　1/2カップ
チキンスープストック（p.5参照）
　1 1/2カップ
◎塩　こしょう　バター　小麦粉

1　鶏肉は大きめのひと口大に切り、塩、こしょう各少々をし、冷蔵庫に入れて1時間ほどおく。ベーコンは5mm角に切る。マッシュルームと生しいたけは石づきをとって1cm厚さに切る。玉ねぎは粗めのみじん切りにする。

2　1の鶏肉の水けを拭き、小麦粉をまぶしつける。

3　鍋にバター大さじ2を熱して2を並べ入れ、薄く焼き色がつくまで両面焼いてとり出す。

4　3の鍋にバター大さじ1を足し、ベーコン、マッシュルーム、生しいたけ、玉ねぎを入れて炒め、白ワインを加えて鍋の焦げつきを落としながら煮詰める。汁けがなくなったら小麦粉小さじ2を加えてなじませ、チキンスープストックを少しずつ加えてのばす。

5　4に鶏肉を戻し入れてふたをし、弱火で20～25分煮る。

6　生クリームを加えて混ぜ、塩小さじ2/3～1、こしょう少々で味を調える。

鶏肉は小麦粉をまぶし、バターで両面焼いてうまみを封じ込める。

チキンスープストックを加えたら、焼いておいた鶏肉を加えて煮る。

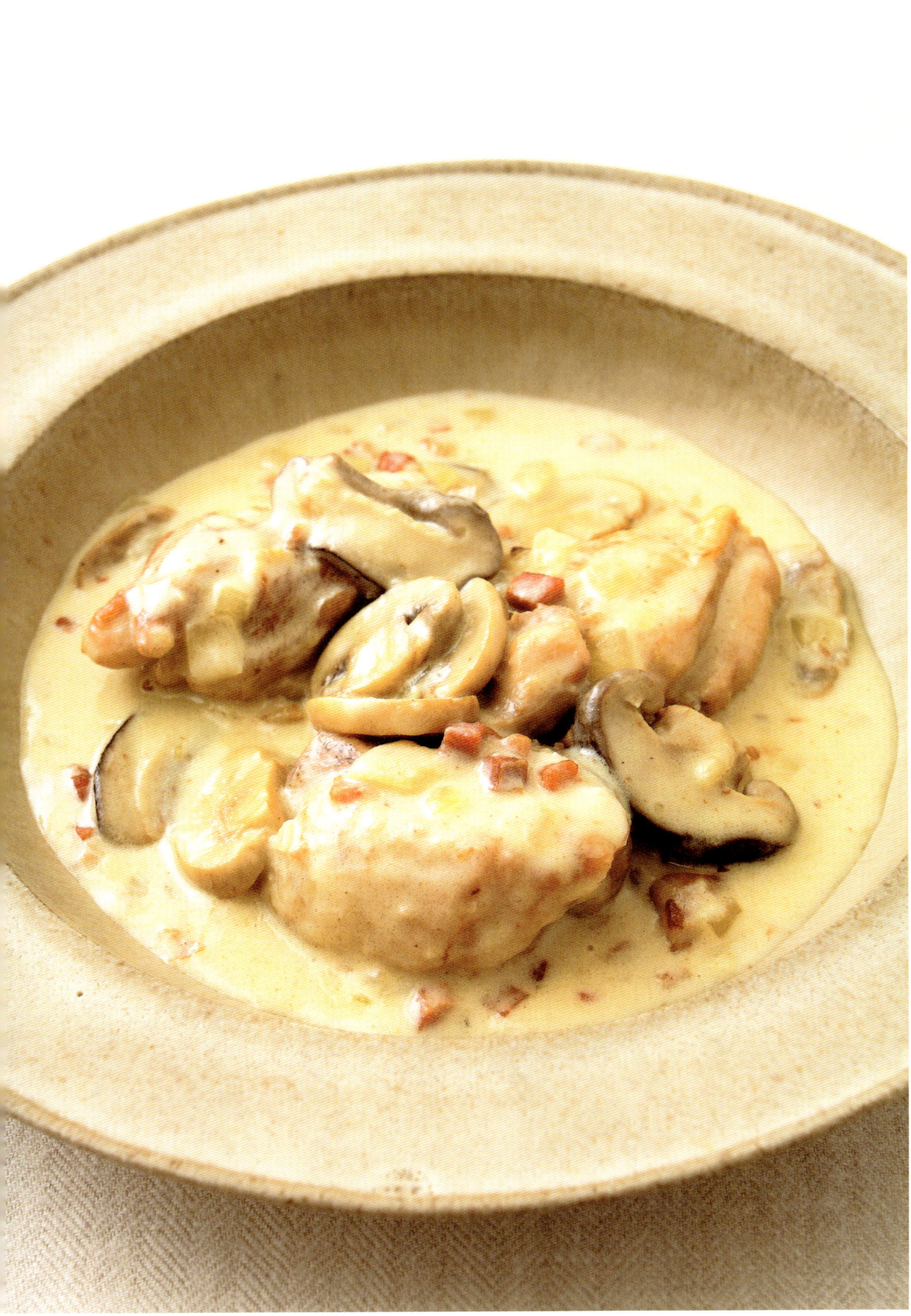

95 牛肉の赤ワイン煮込み

煮込み

牛肉を赤ワインでマリネしておき、その赤ワインとチキンスープストック、
香りづけにポルト酒を加えて煮込み、ひと晩おきます。
これをさらに煮て仕上げます。すね肉のほか、ほほ肉やバラ肉で作っても。

材料／3〜4人分

牛すね肉（かたまり） 600g
赤ワイン 1本（750㎖）
にんにく 2かけ
玉ねぎ ¼個
にんじん ⅓本
ポルト酒 40㎖
トマトペースト 小さじ2
小玉ねぎ 10個
ベーコン（ブロック） 100g
マッシュルーム 10個
チキンスープストック（p.5参照）
　1カップ
◎塩　こしょう　小麦粉
　オリーブオイル　バター

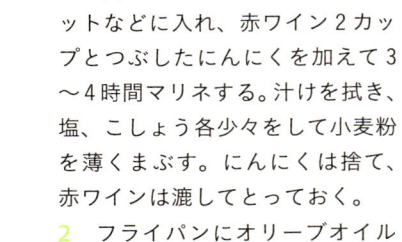

1　牛肉は5〜6cm角に切ってバットなどに入れ、赤ワイン2カップとつぶしたにんにくを加えて3〜4時間マリネする。汁けを拭き、塩、こしょう各少々をして小麦粉を薄くまぶす。にんにくは捨て、赤ワインは漉してとっておく。

2　フライパンにオリーブオイル大さじ1を熱し、1の牛肉を入れてしっかりと焼き色をつけ、とり出す。フライパンは洗わず、1でとっておいた赤ワインを加えてひと煮立ちさせる。

3　玉ねぎとにんじんは5mm角に切る。

4　鍋にオリーブオイル大さじ1を熱して3を炒め、2のワイン、残りの赤ワイン350㎖、ポルト酒、トマトペースト、チキンスープストック、2の牛肉を入れる。煮立ったらアクをとり、ふたをして弱火で2時間ほど煮る。そのまま鍋ごとひと晩おく。

5　次の日、いったん漉して鍋に戻し、5〜6分煮詰める。玉ねぎとにんじんは捨てる。牛肉は別にしておく。

6　ベーコンは1cm幅に切り、マッシュルームは石づきをとる。バター大さじ2を熱したフライパンで炒め、小玉ねぎを加えてざっと炒める。

7　5の鍋に6を加えて再び火にかけ、30分ほど煮る。牛肉を戻し入れ、塩、こしょう各適量で味を調える。

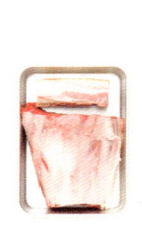

牛肉を焼いたフライパンに、マリネに使った赤ワインを入れてひと煮立ちさせる。このままとっておく。

マリネしてから焼いた牛肉を入れ、弱火でコトコト2時間ほど煮込む。

煮込んだら、鍋ごとこのままひと晩おく。次の日に漉して再び煮る。この手間がおいしさを作る。

96 煮込み

豚肉とあさりの煮込み

豚肉とあさりのうまみが溶け合ったスープが美味。
パプリカパウダーとカイエンペッパーで
ちょっぴりスパイシーに仕上げます。
豚肉をオリーブオイルでマリネしてから使うのがポイント。

材料／3〜4人分
- 豚バラ肉（かたまり）　300g
- あさり（殻つき）　200g
- にんにく　2かけ
- パプリカパウダー　少々
- カイエンペッパー　少々
- タイム　3〜4枝
- 白ワイン　½カップ
- ホールトマト缶　½缶
- ◯塩　こしょう　オリーブオイル

1　豚肉は2cm幅に切り、塩小さじ½、こしょう少々、オリーブオイル大さじ1をもみ込み、30分以上マリネする。あさりは塩水につけて砂出しする。にんにくはみじん切りにする。

2　鍋にオリーブオイル大さじ2とにんにくを入れて火にかけ、香りが出たら豚肉を入れて全体に色づくまで炒める。

3　あさりを加えて炒め合わせ、パプリカパウダー、カイエンペッパー、タイム、白ワインを加え、ホールトマトを加えてつぶしながら混ぜる。ふたをして弱火であさりの口が開くまで蒸し煮する。

4　器に盛り、好みでイタリアンパセリのみじん切り（分量外）を散らす。

豚肉は塩、こしょうをし、オリーブオイルをもみ込んでマリネする。これで豚肉がまろやかになる。

豚肉を炒めたらあさりを殻ごと加えて炒め合わせる。どちらの素材も主役。

パプリカパウダー、カイエンペッパー、タイム、白ワイン、ホールトマトを加え、あさりの口が開くまで煮る。

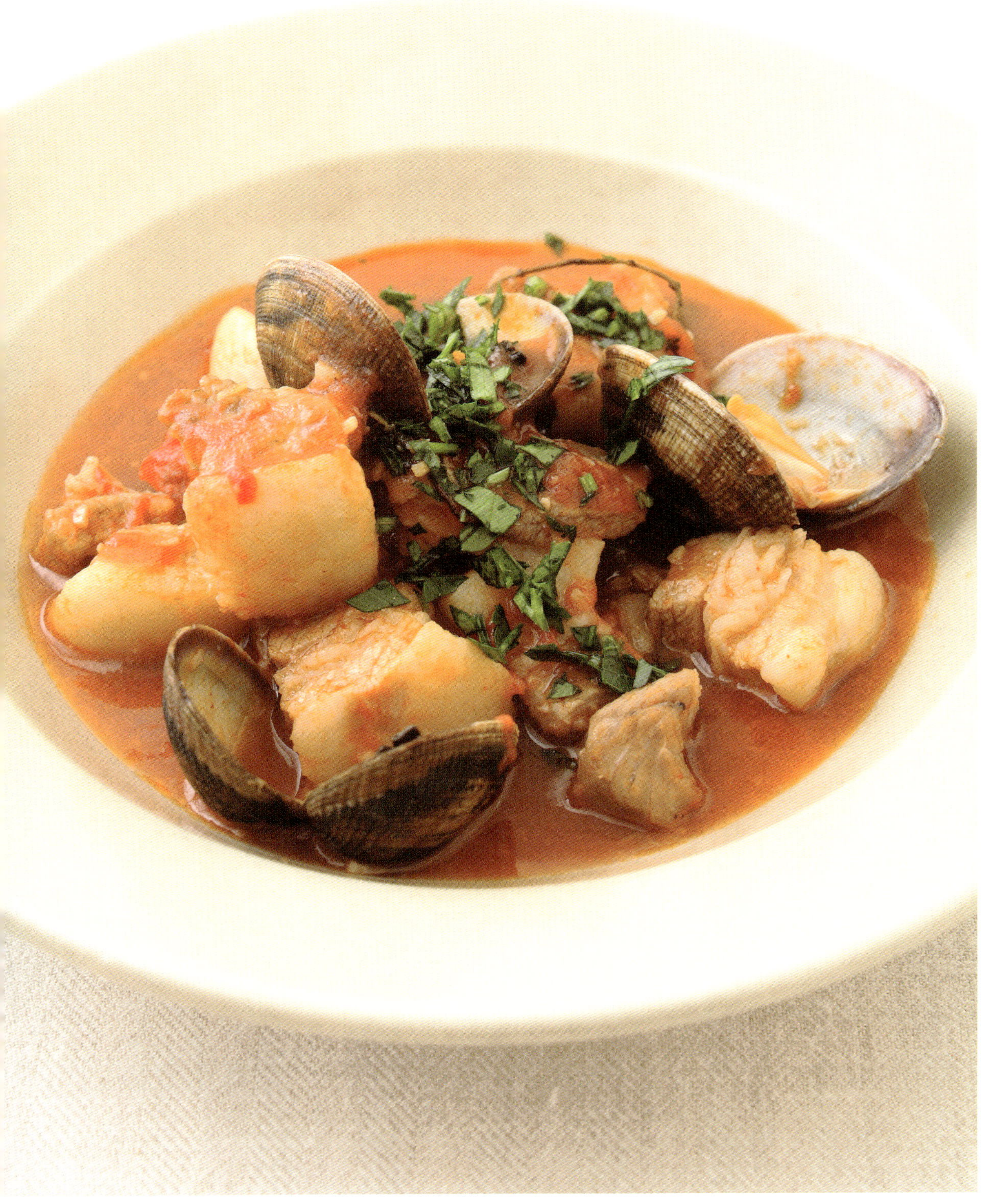

アイリッシュシチュー

97 煮込み

羊肉を使ったアイルランドの家庭料理。
シチューとはいうものの、とろみはついていなく、
素材の味を生かした素朴な味わいです。
オーブンを使わず、コンロでコトコト煮ても。

材料／3～4人分
ラムもも肉（かたまり）　300g
玉ねぎ　1個
にんじん　1本
じゃが芋（メークイン）　2個
タイム　1～2本
パセリ　適量
チキンスープストック（p.5参照）
　または水　1½カップ
◎塩　こしょう　バター

1　ラム肉は大きめのひと口大に切り、強めに塩、こしょうをふる。
2　玉ねぎは半分に切ってから5～6mm幅に切り、にんじんは乱切りにする。じゃが芋はにんじんより少し大きめに切る。
3　オーブンに入れられる鍋にバター50gをちぎって入れ、その上にラム肉を並べる。続いて玉ねぎ、じゃが芋、にんじんをのせ、タイムを散らし、チキンスープストックを注ぐ。
4　ふたをして200℃のオーブンに入れ、1時間ほど蒸し煮する。
5　ざっくりと混ぜ合わせ、パセリをみじん切りにしてふる。

鍋にちぎったバターをところどころおき、ラム肉をのせる。

ラム肉の上に玉ねぎ、じゃが芋、にんじんをのせ、タイムを散らし、チキンスープストックを注ぐ。水でもよい。

オーブンから出すと、野菜はほっくりと火が通っている状態。下にあるラム肉をスープごとざっくりと混ぜる。

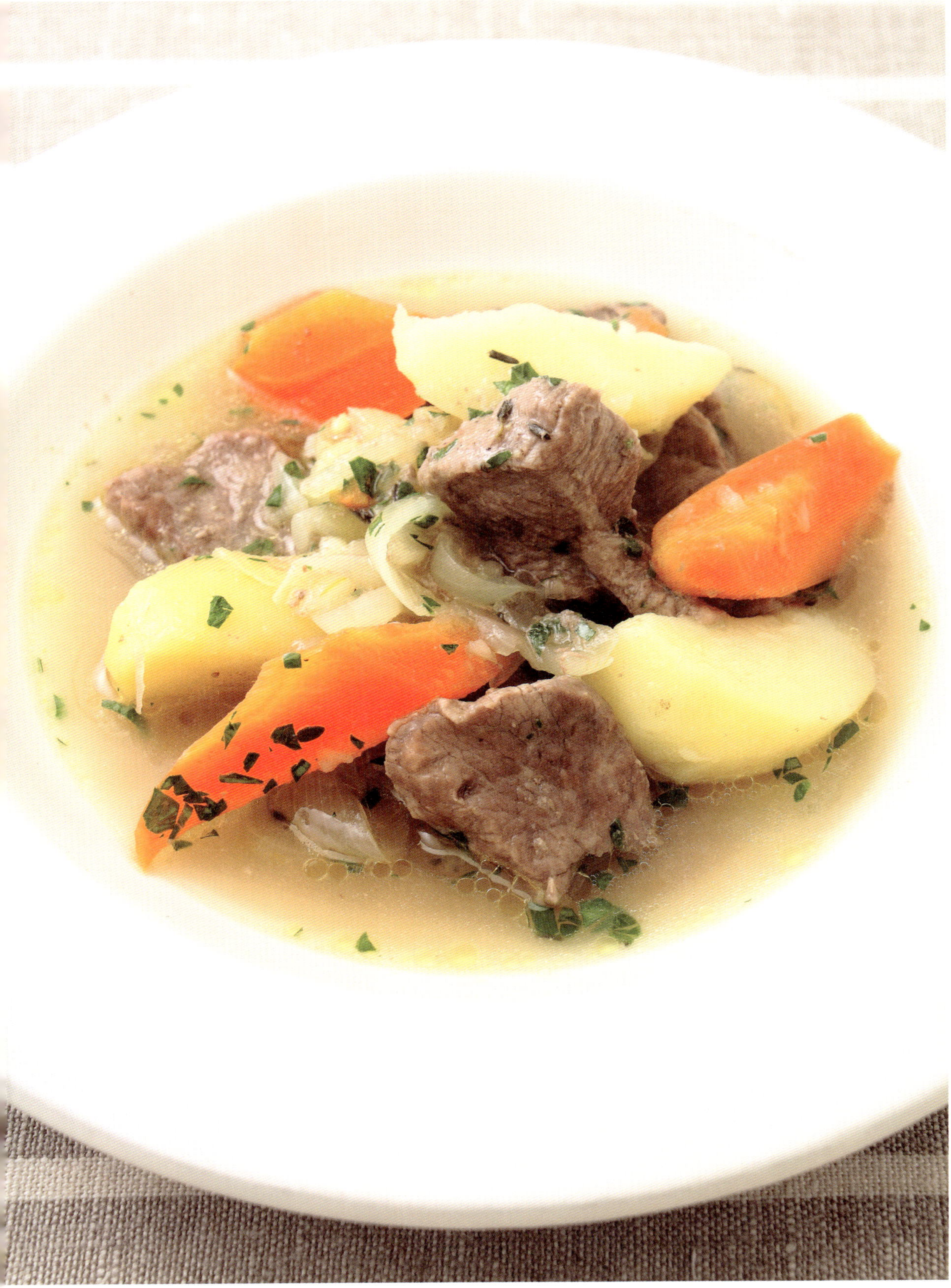

98 煮込み

ビーフストロガノフ

ロシア料理の定番メニュー。牛肉と玉ねぎのうまみ、生クリーム、ヨーグルトが溶け合った濃厚で贅沢な味。フライドポテトを添えて、本場さながらに。

材料／3〜4人分

牛もも肉（バター焼き用）　300g
玉ねぎ　1個
トマトペースト　大さじ1
白ワイン　1/2カップ
フォンドボー缶　1缶
生クリーム　3/4カップ
プレーンヨーグルト　3/4カップ
フライドポテト
　じゃが芋（メークイン）　2個
　揚げ油　適量
◎サラダ油　バター　塩
　こしょう　小麦粉

1　牛肉は5〜6mmに切る。玉ねぎは薄切りにする。

2　鍋にサラダ油小さじ2とバター大さじ1を熱して牛肉を炒め、色が変わったら塩、こしょう各少々をし、すぐに取り出す。

3　2の鍋にバター大さじ1を足し、玉ねぎを炒める。しんなりしたらトマトペースト、小麦粉大さじ1を加えてさらに炒める。白ワインを加えて煮詰め、フォンドボー缶を加えてさらに煮詰める。

4　2の牛肉を戻し入れ、生クリームとプレーンヨーグルトを加えて混ぜ、塩小さじ2/3〜1、こしょう少々で味を調え、ひと煮立ちしたら火を止める。

5　フライドポテトを作る。じゃが芋はゆで、皮をむいて乱切りにする。180℃の揚げ油でこんがりと揚げる。

6　器に4を盛り、5を添え、好みでディル（分量外）を飾る。

牛肉はバター焼き用を用意し、5〜6mm幅に切る。薄切り肉を使うより肉のうまみが楽しめ、ソースとのバランスもよい。

白ワインを加えて煮詰め、フォンドボーを入れてさらに煮詰める。これが濃厚で贅沢に仕上げるポイント。

生クリームとヨーグルトを加えて仕上げる。サワークリームを使うより本場の味に近くなる。

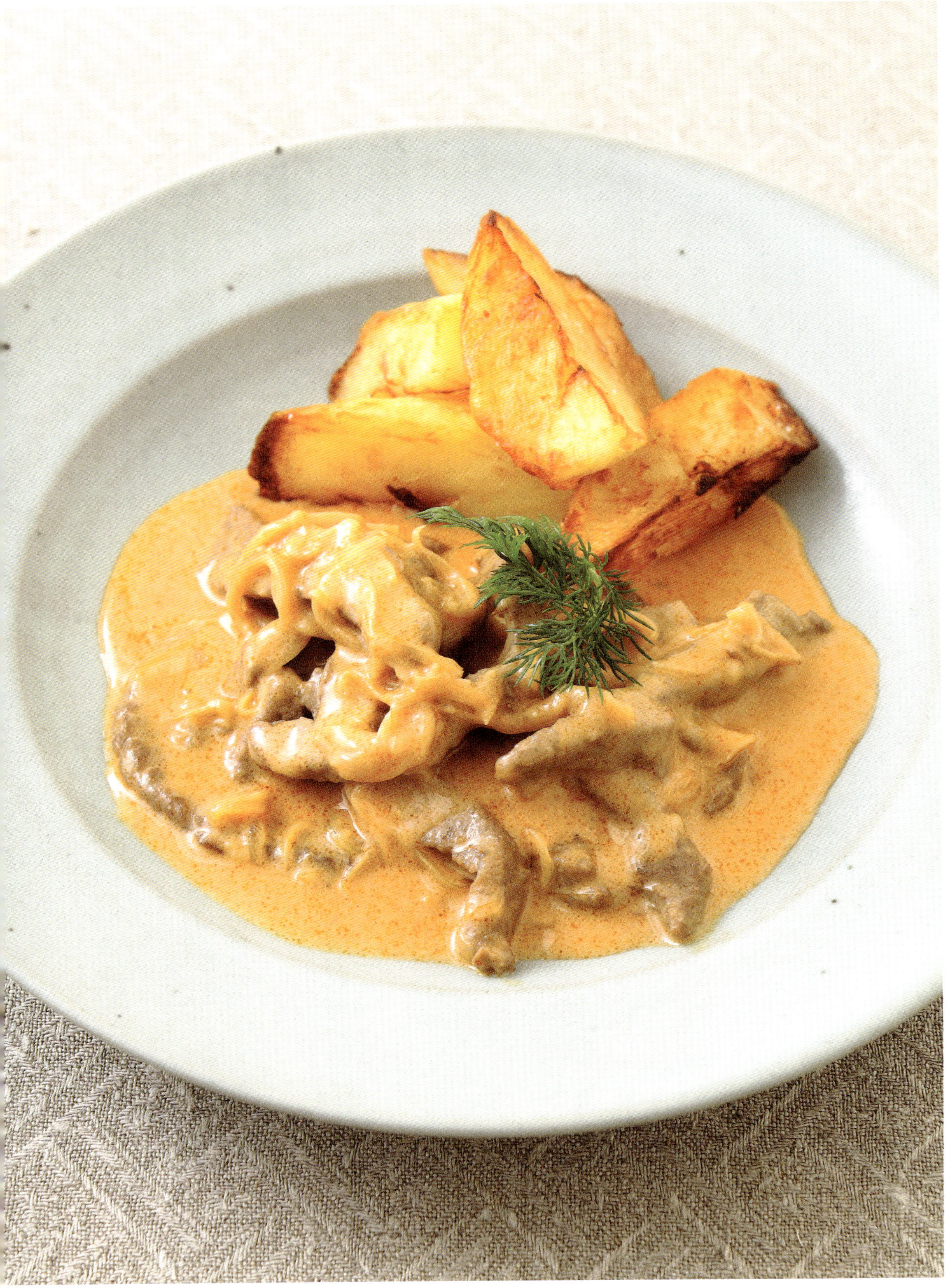

ボルシチ

牛肉、ビーツ、玉ねぎ、キャベツ、にんじん……、
じっくり煮込んだロシアのスープです。
ビーツの赤紫の色、やさしい甘みと酸味が特徴。
サワークリームを添えていただきます。

材料／3〜4人分
牛すね肉（かたまり）　300g
ビーツ　1個
玉ねぎ　1/2個
にんにく　1かけ
にんじん　1/2本
キャベツ　1/4個
セロリ　1本
トマト　1個
サワークリーム　適量
◎バター　塩　こしょう

1 鍋に牛肉と水7カップを入れて火にかけ、煮立ったらアクをとり除き、弱火でふたをして1時間ほどゆでる。いったん漉し、牛肉は粗くほぐす。

2 ビーツは皮をむいて太めのせん切りにする。玉ねぎは薄切りにし、にんにくはみじん切りにする。にんじんとキャベツも太めのせん切りにする。セロリは斜め薄切りにし、トマトはざく切りにする。

3 鍋にバター大さじ2を熱し、玉ねぎ、にんにく、にんじん、セロリ、キャベツを炒め、ビーツを加えて炒め合わせる。

4 3に1のスープを注ぎ入れ、トマト、1の牛肉を加え、30〜40分弱火で煮る。塩小さじ2/3〜1、こしょう少々で味を調える。

5 器に盛り、サワークリームを添え、好みでディル（分量外）を添える。

ゆでた牛肉は手で粗くほぐし、煮込みの具にする。ゆで汁はスープストックとして使う。

玉ねぎ、にんにく、にんじん、セロリ、キャベツをバターで炒めたら、ビーツを加える。

ビーツを炒めて赤紫の色に染まったら、牛肉でとったスープを加える。

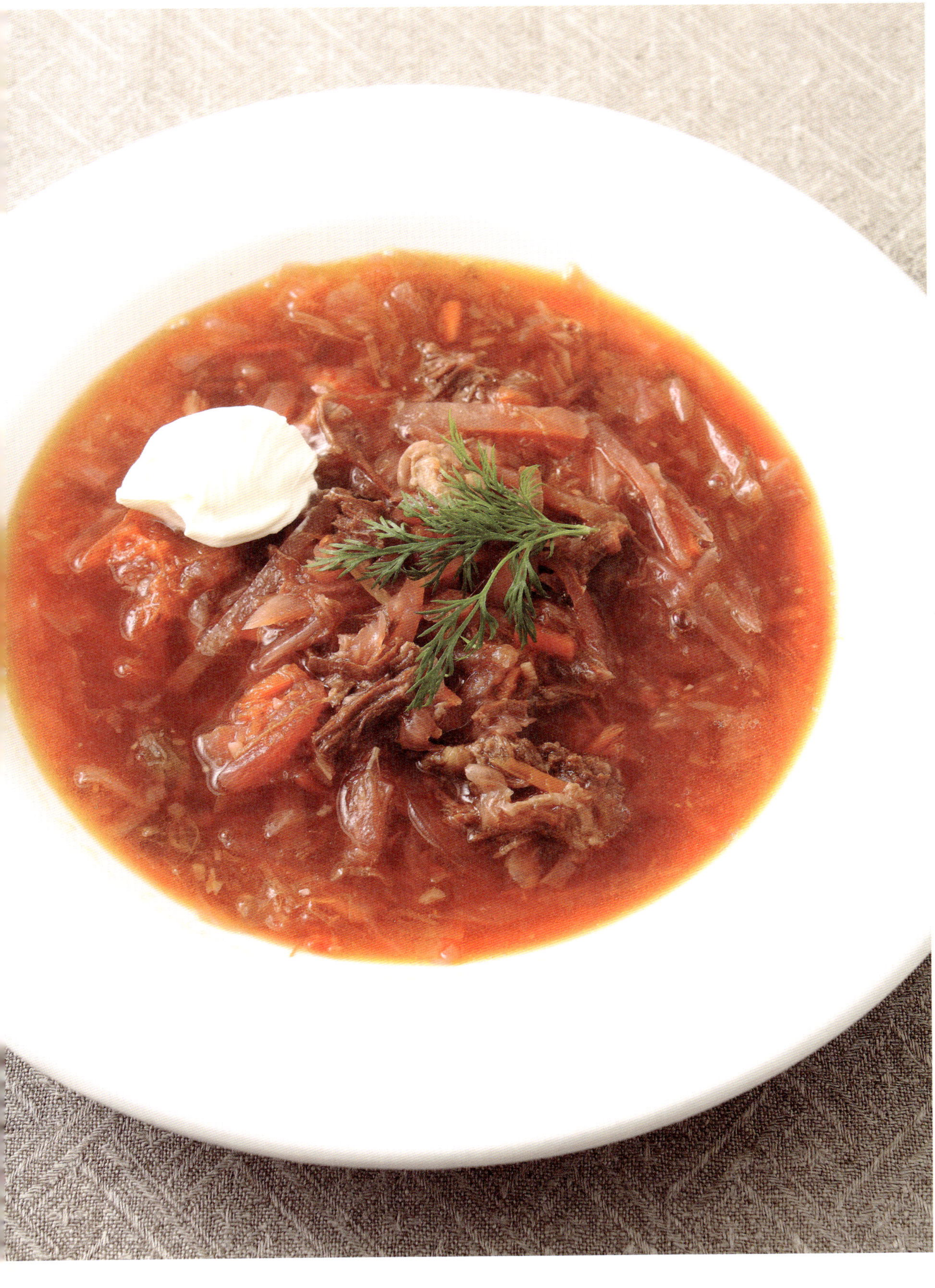

ロールキャベツ

キャベツは1個につき2枚使い、
具は合いびき肉と鶏ひき肉のダブル使い。
ひき肉とキャベツ両方のおいしさを存分に楽しめる
とっておきの煮込みレシピです。

材料／4人分
キャベツ　16枚（約1個分）
合いびき肉　300g
鶏ももひき肉　100g
玉ねぎ　1/2個
にんじん　1/2本
マッシュルーム　8個
トマトペースト　大さじ1
チキンスープストック（p.5参照）
　4カップ
◎バター　塩　粗びき黒こしょう

1　キャベツは1枚ずつていねいにはがす。鍋にたっぷりの湯を沸かし、1を入れてゆでる。かたい芯の部分はそぐ。

2　玉ねぎ、にんじんはみじん切りにし、マッシュルームは石づきをとってみじん切りにする。バター大さじ1を熱したフライパンで炒め、バットなどにあけて冷ます。

3　ボウルに合いびき肉、鶏ひき肉、2を入れて練り合わせ、塩小さじ1/2、粗びき黒こしょう適量、トマトペーストを加えてさらによく混ぜる。8等分にする。

4　1のキャベツを2枚重ねて広げ、3をのせて包む。包み終わりは楊枝で止める。合計8個作る。

5　フライパンにバター大さじ2を熱し、4を入れ、ときどき転がしながら表面に軽く焼き色をつけ、煮込み鍋に移す。フライパンが小さい場合は4個ずつ焼く。

6　5の鍋にチキンスープストックを注ぎ、ふたをして弱火で1時間30分～2時間煮る。塩で味を調える。

玉ねぎ、にんじん、マッシュルームのみじん切りをバターで炒め、冷ます。ひき肉に混ぜて具にする。

合いびき肉と鶏ひき肉、炒めた野菜を手でよく練り混ぜる。うまみと甘みのある具になる。

ロールキャベツは焼き色をつけてキャベツの香ばしさと甘みを出し、それから煮込む。

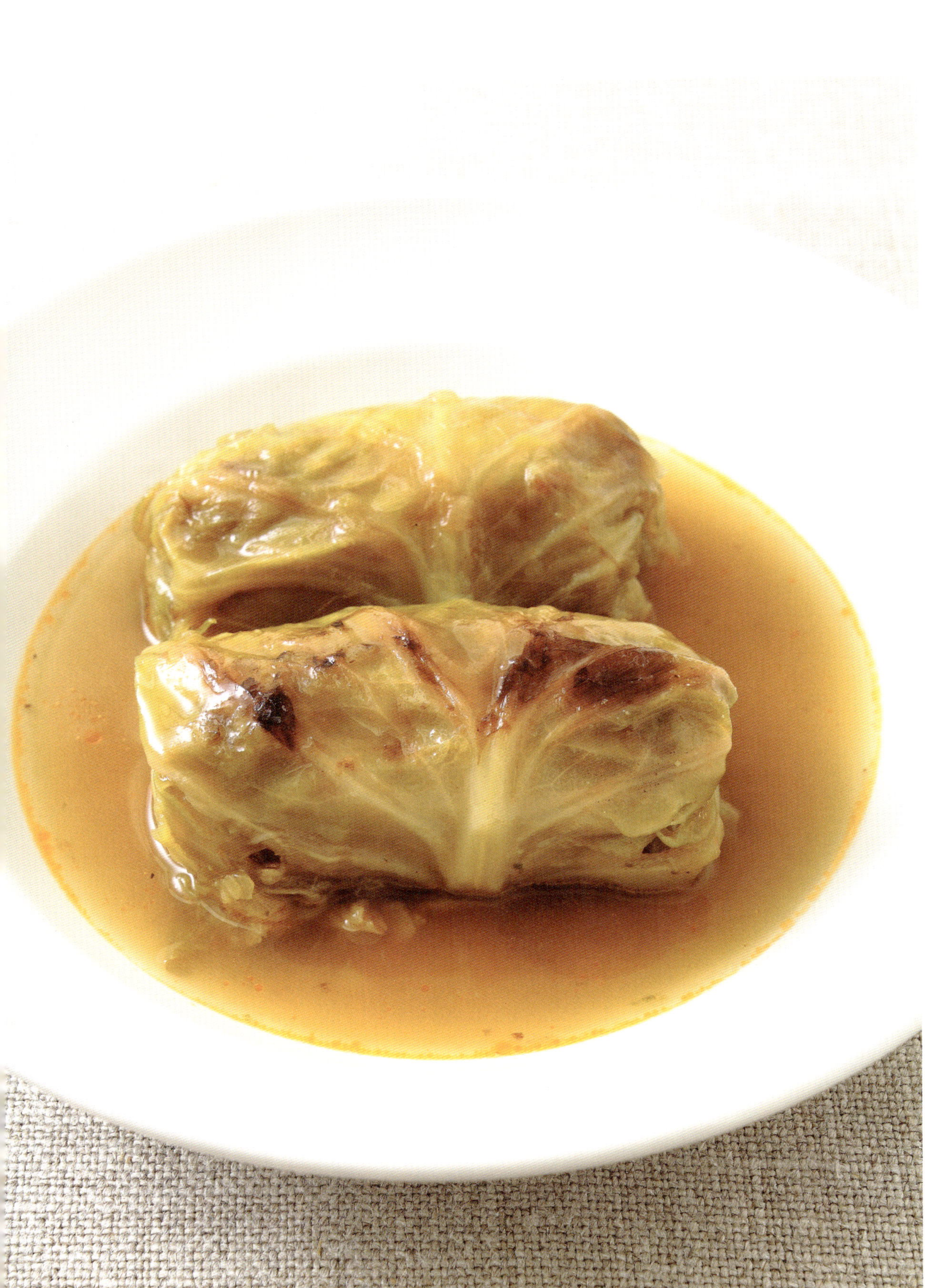

食べたい素材で探す index

..... 肉・肉加工品
■牛肉
　ユッケジャン　90
　牛肉の赤ワイン煮込み　112
　ビーフストロガノフ　118
　ボルシチ　120
■鶏肉
　ライムスープ　67
　鶏とクレソンのスープ　74
　鶏肉としいたけの蒸しスープ　81
　参鶏湯　88
　鶏肉のポトフー　104
　鶏肉ときのこのクリーム煮込み　110
■豚肉
　酸辣湯　76
　スペアリブと冬瓜のスープ　80
　スンドゥブチゲ　92
　豚汁　96
　塩漬け豚とキャベツの煮込み　106
　豚肉とあさりの煮込み　114
■ラム肉
　モンゴル風ラムと長ねぎのスープ　69
　アイリッシュシチュー　116
■ひき肉
　モロヘイヤのスープ　65
　チリコンカンスープ　66
　タイ風春雨のスープ　73
　肉団子と白菜のスープ　78
　えびワンタンスープ　82
　ミートボールのトマト煮込み　108
　ロールキャベツ　122
■ソーセージ・チョリソ
　きゅうりとソーセージのスープ　19
　ソーセージときのこのポットパイ　34
　カリフラワーのポタージュ　44
　塩漬け豚とキャベツの煮込み　106
■生ハム
　ソバ・デ・アホ（スペイン風にんにくスープ）　61
■ベーコン
　ミネストローネ　14
　キャベツとベーコンのスープ　18
　金時豆とかぼちゃのスープ　21
　鶏肉のポトフー　104
　鶏肉ときのこのクリーム煮込み　110
　牛肉の赤ワイン煮込み　112

..... 魚介・海産加工品
■あさり
　クラムチャウダー・ニューイングランド風　36
　クラムチャウダー・マンハッタン風　38
　ベトナム風あさりのスープ　75
　スンドゥブチゲ　92
　豚肉とあさりの煮込み　114
■いわし
　いわしのつみれ汁　97
■えび
　えびのビスク　54
　シーフードガンボスープ　68
　トムヤムクン　72
　酸辣湯　76
　えびワンタンスープ　82
■かき
　かきのチャウダー　39
■鮭
　鮭の粕汁　99
■白身魚
　スープ・ド・ポワソン（南仏風魚のスープ）　56
　たらとじゃが芋のブイヤベース風　58
■帆立て貝柱
　シーフードガンボスープ　68
■あじの干物
　冷や汁　102
■かに缶
　かにと卵白のスープ　85
■帆立て貝柱缶
　大根と貝柱のミルクスープ　86
■海草
　豆腐と岩のりのスープ　87
　わかめスープ　94
　冷製わかめときゅうりのスープ　94

..... 卵
　ポーチドエッグとレタスのスープ　22
　揚げ卵のカレー風味スープ　23
　アクア・コッタ（イタリア風パンと卵のスープ）　60
　ソバ・デ・アホ（スペイン風にんにくスープ）　61
　酸辣湯　76
　トマトと卵のスープ　83
　中華風コーンスープ　84
　かにと卵白のスープ　85
　スンドゥブチゲ　92
　かき玉汁　101
　ミートボールのトマト煮込み　108

..... 豆
■いんげん豆
　いんげん豆とじゃが芋のスープ　20
■キドニービーンズ
　ミネストローネ　14
　チリコンカンスープ　66
■金時豆
　金時豆とかぼちゃのスープ　21

■ひよこ豆
　豆のポタージュ・クミン風味　47
■レンズ豆
　ハリーラ（モロッコ風豆のスープ）　64
　レンズ豆のスープ　70

······ 豆乳・豆腐・油揚げ
■豆乳
　里芋の豆乳スープ　25
　韓国風豆乳スープ　94
■豆腐
　酸辣湯　76
　豆腐と岩のりのスープ　87
　スンドゥブチゲ　92
　韓国風豆乳スープ　94
　豆腐となめこの赤だし　98
　けんちん汁　100
　うずみ豆腐　103
■油揚げ
　鮭の粕汁　99
　けんちん汁　100

······ 野菜
■枝豆
　枝豆のすり流し汁　101
■オクラ
　シーフードガンボスープ　68
■かぶ
　白い野菜のスープ　24
　丸ごとかぶのスープ　31
　鶏肉のポトフー　104
■かぼちゃ
　金時豆とかぼちゃのスープ　21
　かぼちゃのポタージュ・ココナッツ風味　46
■カリフラワー
　白い野菜のスープ　24
　カリフラワーのポタージュ　44
■きのこ
　ソーセージときのこのポットパイ　34
　きのこのポタージュ　45
　トムヤムクン　72
　酸辣湯　76
　スペアリブと冬瓜のスープ　80
　鶏肉としいたけの蒸しスープ　81
　韓国風豆乳スープ　94
　豆腐となめこの赤だし　98
　鶏肉ときのこのクリーム煮込み　110
　牛肉の赤ワイン煮込み　112
　ロールキャベツ　122
■キャベツ
　キャベツとベーコンのスープ　18
　塩漬け豚とキャベツの煮込み　106

　ボルシチ　120
　ロールキャベツ　122
■きゅうり
　きゅうりとソーセージのスープ　19
　ガスパチョ　62
　きゅうりとミントのライタ風スープ　71
　冷製わかめときゅうりのスープ　94
　冷や汁　102
■グリンピース
　ピストゥスープ　16
　グリンピースのポタージュ　43
■クレソン
　鶏とクレソンのスープ　74
■ごぼう
　ごぼうのポタージュ　45
　豚汁　96
　いわしのつみれ汁　97
　けんちん汁　100
■さつま芋
　さつま芋とりんごのポタージュ　50
　参鶏湯　88
■里芋
　里芋の豆乳スープ　25
　けんちん汁　100
■サニーレタス
　ベトナム風あさりのスープ　75
■さやいんげん
　ピストゥスープ　16
　チリコンカンスープ　66
　酸辣湯　76
■じゃが芋
　ミネストローネ　14
　ピストゥスープ　16
　いんげん豆とじゃが芋のスープ　20
　白い野菜のスープ　24
　丸ごとじゃが芋のスープ　30
　クラムチャウダー・ニューイングランド風　36
　クラムチャウダー・マンハッタン風　38
　かきのチャウダー　39
　ヴィシソワーズ　52
　たらとじゃが芋のブイヤベース風　58
　豚汁　96
　鶏肉のポトフー　104
　アイリッシュシチュー　116
　ビーフストロガノフ　118
■香菜
　ハリーラ（モロッコ風豆のスープ）　64
　チリコンカンスープ　66
　レンズ豆のスープ　70
　タイ風春雨のスープ　73
　ベトナム風あさりのスープ　75

■ズッキーニ
　ピストゥスープ　16
■せり
　いわしのつみれ汁　97
■セロリ
　ミネストローネ　14
　白い野菜のスープ　24
　クラムチャウダー・ニューイングランド風　36
　クラムチャウダー・マンハッタン風　38
　アクア・コッタ（イタリア風パンと卵のスープ）　60
　ガスパチョ　62
　ハリーラ（モロッコ風豆のスープ）　64
　シーフードガンボスープ　68
　スペアリブと冬瓜のスープ　80
　鶏肉のポトフー　104
　ボルシチ　120
■ぜんまい水煮
　ユッケジャン　90
■大根
　せん切り大根の塩スープ　26
　大根と貝柱のミルクスープ　86
　いわしのつみれ汁　97
　けんちん汁　100
■玉ねぎ・小玉ねぎ
　丸ごと玉ねぎのスープ　29
　オニオングラタンスープ　32
　クラムチャウダー・マンハッタン風　38
　スープ・ド・ポワソン（南仏風魚のスープ）　56
　アクア・コッタ（イタリア風パンと卵のスープ）　60
　ライムスープ　67
　鶏肉のポトフー　104
　ミートボールのトマト煮込み　108
　牛肉の赤ワイン煮込み　112
　アイリッシュシチュー　116
　ビーフストロガノフ　118
■青梗菜
　青梗菜とザーサイのスープ　87
■冬瓜
　スペアリブと冬瓜のスープ　80
■とうもろこし・コーン缶
　コーンポタージュ　40
　モロヘイヤのスープ　65
　中華風コーンスープ　84
■トマト・プチトマト
　ミネストローネ　14
　ピストゥスープ　16
　揚げ卵のカレー風味スープ　23
　丸ごとトマトのスープ　28
　焼きトマトとビーツのポタージュ　48
　えびのビスク　54
　スープ・ド・ポワソン（南仏風魚のスープ）　56
　たらとじゃが芋のブイヤベース風　58

　アクア・コッタ（イタリア風パンと卵のスープ）　60
　ガスパチョ　62
　ライムスープ　67
　シーフードガンボスープ　68
　レンズ豆のスープ　70
　トムヤムクン　72
　トマトと卵のスープ　83
　ボルシチ　120
■長ねぎ
　いんげん豆とじゃが芋のスープ　20
　白い野菜のスープ　24
　クラムチャウダー・ニューイングランド風　36
　ヴィシソワーズ　52
　スープ・ド・ポワソン（南仏風魚のスープ）　56
　たらとじゃが芋のブイヤベース風　58
　モンゴル風ラムと長ねぎのスープ　69
　かにと卵白のスープ　85
　参鶏湯　88
　ユッケジャン　90
　韓国風豆乳スープ　94
　豆もやしのスープ　94
■なす
　焼きなすのみそ汁　98
■ニラ
　ユッケジャン　90
■にんじん
　ミネストローネ　14
　クラムチャウダー・マンハッタン風　38
　にんじんのポタージュ　42
　けんちん汁　100
　鶏肉のポトフー　104
　アイリッシュシチュー　116
■にんにく
　ピストゥスープ　16
　スープ・ド・ポワソン（南仏風魚のスープ）　56
　ソパ・デ・アホ（スペイン風にんにくスープ）　61
　ライムスープ　67
　シーフードガンボスープ　68
　参鶏湯　88
　牛肉の赤ワイン煮込み　112
　豚肉とあさりの煮込み　114
■白菜
　干し白菜のスープ　27
　肉団子と白菜のスープ　78
　鶏肉としいたけの蒸しスープ　81
■バジル
　ピストゥスープ　16
■パプリカ
　ガスパチョ　62
■ビーツ
　焼きトマトとビーツのポタージュ　48
　ボルシチ　120

■ピーマン
　シーフードガンボスープ　68
■フェンネル
　スープ・ド・ポワソン（南仏風魚のスープ）　56
■ほうれん草
　かきのチャウダー　39
■ポワロー
　鶏肉のポトフー　104
■豆もやし
　ユッケジャン　90
　豆もやしのスープ　94
■モロヘイヤ
　モロヘイヤのスープ　65
■レタス
　ポーチドエッグとレタスのスープ　22

...... 果物
■アボカド
　冷製アボカドのポタージュ　53
■栗
　栗のポタージュ　51
■ライム
　ライムスープ　67
■りんご
　さつま芋とりんごのポタージュ　50

...... 穀類
■ご飯
　うずみ豆腐　103
■米
　ハリーラ（モロッコ風豆のスープ）　64
■もち米
　参鶏湯　88
■パスタ
　ピストゥスープ　16
■パン
　オニオングラタンスープ　32
　アクア・コッタ（イタリア風パンと卵のスープ）　60
　ソパ・デ・アホ（スペイン風にんにくスープ）　61
　ガスパチョ　62
■冷凍パイシート
　ソーセージときのこのポットパイ　34

...... 乳製品
■牛乳
　丸ごとじゃが芋のスープ　30
　ソーセージときのこのポットパイ　34
　クラムチャウダー・ニューイングランド風　36
　かきのチャウダー　39
　コーンポタージュ　40
　にんじんのポタージュ　42
　グリンピースのポタージュ　43

　カリフラワーのポタージュ　44
　ごぼうのポタージュ　45
　きのこのポタージュ　45
　かぼちゃのポタージュ・ココナッツ風味　46
　豆のポタージュ・クミン風味　47
　焼きトマトとビーツのポタージュ　48
　さつま芋とりんごのポタージュ　50
　栗のポタージュ　51
　ヴィシソワーズ　52
　冷製アボカドのポタージュ　53
　大根と貝柱のミルクスープ　86
■チーズ
　オニオングラタンスープ　32
■生クリーム
　ソーセージときのこのポットパイ　34
　クラムチャウダー・ニューイングランド風　36
　かきのチャウダー　39
　さつま芋とりんごのポタージュ　50
　えびのビスク　54
　鶏肉ときのこのクリーム煮込み　110
　ビーフストロガノフ　118
■ヨーグルト
　きゅうりとミントのライタ風スープ　71
　ビーフストロガノフ　118

...... その他
■ココナッツミルク
　かぼちゃのポタージュ・ココナッツ風味　46
■こんにゃく
　豚汁　96
■酒粕
　鮭の粕汁　99
■ザーサイ
　青梗菜とザーサイのスープ　87
■白菜キムチ
　冷製わかめときゅうりのスープ　94
■春雨
　タイ風春雨のスープ　73
■ホールトマト缶
　ミートボールのトマト煮込み　108
　豚肉とあさりの煮込み　114
■ワンタンの皮
　えびワンタンスープ　82

坂田阿希子 SAKATA AKIKO

料理家。
フランス菓子店やフランス料理店での経験を重ね、独立。
現在、料理教室「studio SPOON」を主宰し、
国内外を問わず、常に新しいおいしさを模索。
プロの手法を取り入れた家庭料理の数々は、
どれも本格的な味わい。
著書に『そうだ！パスタにすればいいんだ！』（講談社）、
『絶品マリネ』（家の光協会）、
『サンドイッチ教本』、『サラダ教本』、『洋食教本』（すべて東京書籍）
など多数。

studio SPOON　http://www.studio-spoon.com/

ブックデザイン	茂木隆行
撮影	広瀬貴子
スタイリング	久保百合子
構成・編集	松原京子
DTP	山田大介（山田屋）
プリンティングディレクター	栗原哲朗（図書印刷）

スープ教本

2012年 5月 1日　第1刷発行
2020年12月25日　第8刷発行

著　者　　坂田阿希子
発行者　　千石雅仁
発行所　　東京書籍株式会社
　　　　　東京都北区堀船2-17-1　〒114-8524
　　　　　電話　03-5390-7531（営業）　03-5390-7508（編集）
印刷・製本　図書印刷株式会社

Copyright ⓒ 2012 by Akiko Sakata
All Rights Reserved.
Printed in Japan
ISBN978-4-487-80627-0 C2077
乱丁・落丁の際はお取り替えさせていただきます。
本書の内容を無断で転載することはかたくお断りいたします。